も

都道府県ドリル

楽しく学ぼう！都道府県

この本では、日本の都道府県を中心に学びながら、地理の基本を身につけることができます。

ドリルページのしょうかい

きほんのドリル

これからぼくたちといっしょに都道府県ドリルを始めよう！

表

用語をなぞったり、シールをはったりしながら知識をインプット！

1 日本のすがたを知る
―1都1道2府43県
◎1都1道2府の名前を、それぞれなぞって覚えましょう。また、下の□に書いてみましょう。47の都道府県名を声に出して読んでみましょう。

日本には47の都道府県があります。都道府県の役所が置かれている都市のことを都道府県庁所在地といいます。

裏

用語を書いたり、色をぬったりしながら知識をアウトプット！

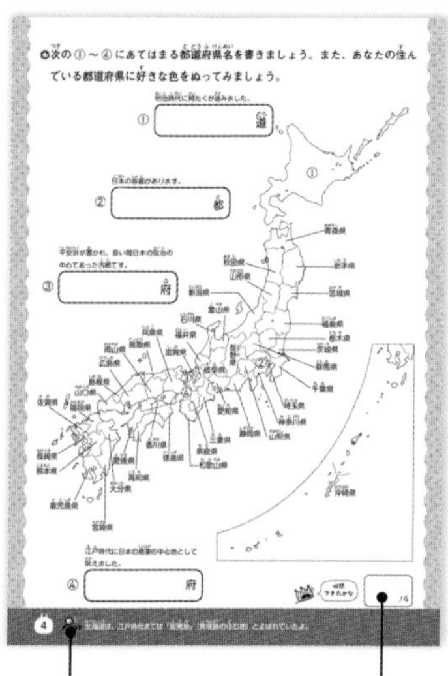
◎次の①～④にあてはまる都道府県名を書きましょう。また、あなたの住んでいる都道府県に好きな色をぬってみましょう。

① 道
② 日本の首都があります。 都
③ 府
④ 府

各テーマの内容に関するミニ知識！　読んでみよう！

わからないときはヒントをチェック！

いくつできたかな？できた数を書こう！

きほんのドリルが終わったら、まとめのテストに進もう！

まとめのテスト

各回を終えたら100点満点のテストに取り組んで基本の確認！

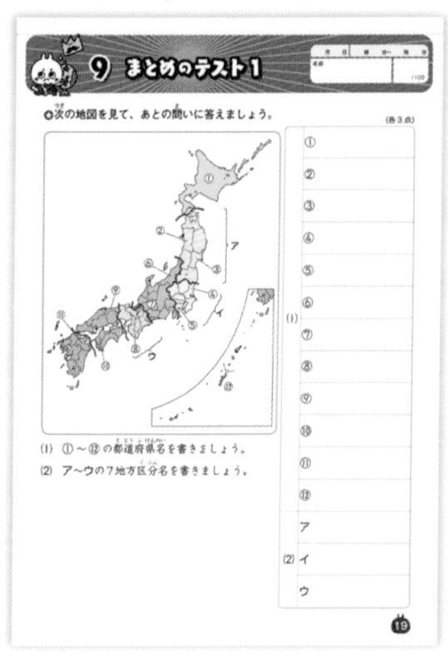
9 まとめのテスト1
◎次の地図を見て、あとの問いに答えましょう。（各3点）
(1) ①～⑫の都道府県名を書きましょう。
(2) ア～ウの7地方区分名を書きましょう。

チャレンジドリル

都道府県に関するクイズにチャレンジ！　何問できるかな？

17 チャレンジドリル 都道府県クイズ1
◎次の①～⑥のグループには、ちがう地方の府県が1つずつあります。見つけて◯で囲み、正しい地方に向かって ⟶ をつけましょう。

① 北海道・東北地方	青森県、岩手県、宮城県、山梨県、秋田県、福島県
② 関東地方	神奈川県、群馬県、新潟県、茨城県、千葉県、埼玉県
③ 中部地方	愛媛県、静岡県、福井県、長野県、富山県、岐阜県
④ 近畿地方	和歌山県、京都府、奈良県、滋賀県、大分県、三重県
⑤ 中国・四国地方	岡山県、兵庫県、徳島県、鳥取県、島根県、香川県
⑥ 九州地方	鹿児島県、高知県、福岡県、宮崎県、佐賀県、沖縄県

ステップアップドリル

世界と日本の歴史に関する地図に取り組んでみよう！

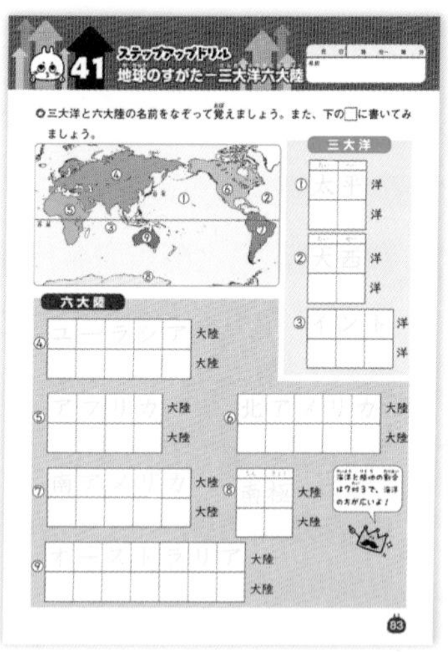
41 ステップアップドリル 地球のすがた―三大洋六大陸
◎三大洋と六大陸の名前をなぞって覚えましょう。また、下の□に書いてみましょう。

三大洋　六大陸

※この本の表記については、112ページに書いてあります。

1 日本のすがたを知る
―1都1道2府43県

月 日	時 分～ 時 分
名前	

✪1都1道2府の名前を、それぞれなぞって覚えましょう。また、下の□に書いてみましょう。47の都道府県名を声に出して読んでみましょう。

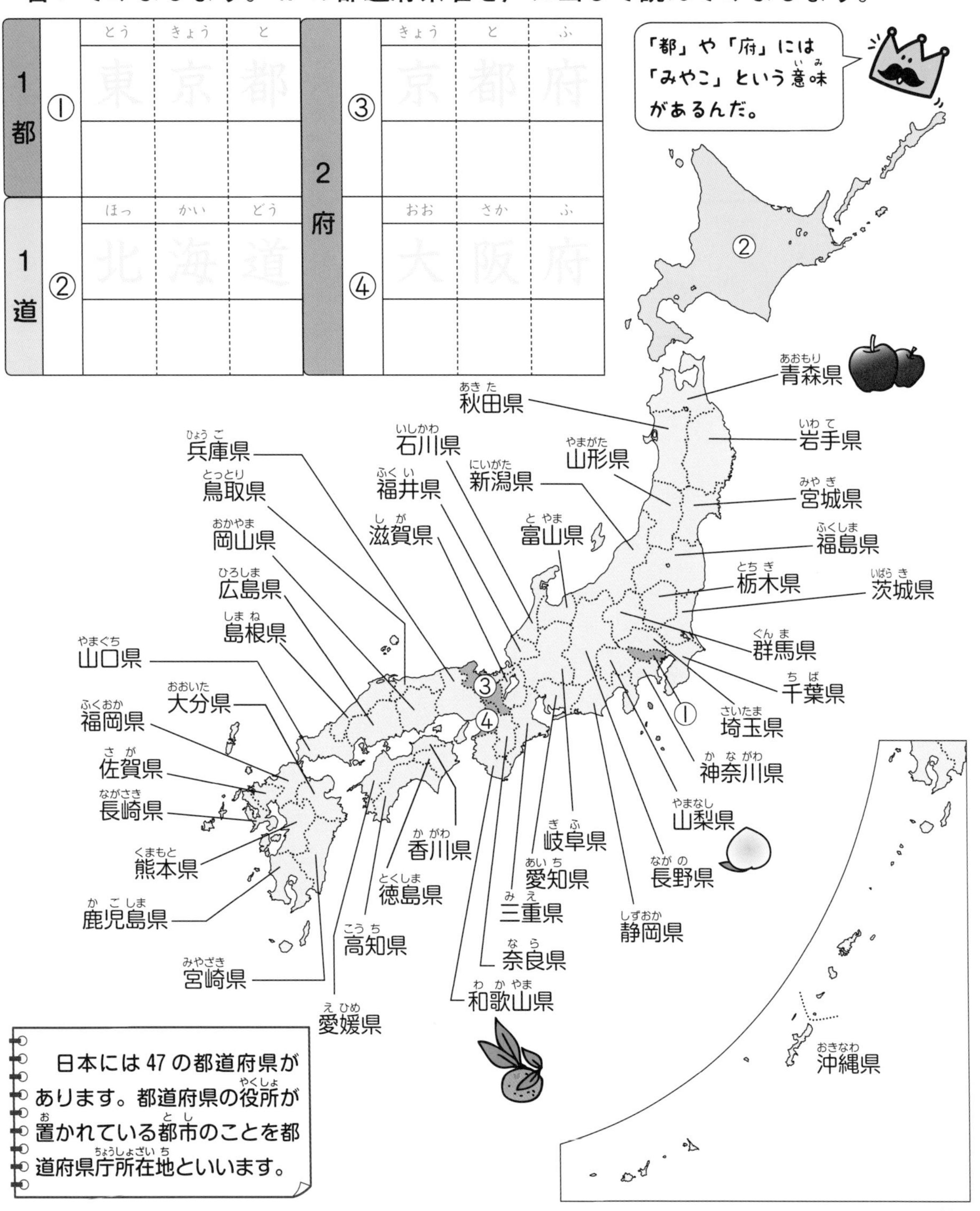

		とう	きょう	と
1都	①	東	京	都
		ほっ	かい	どう
1道	②	北	海	道

		きょう	と	ふ
2府	③	京	都	府
		おお	さか	ふ
	④	大	阪	府

日本には47の都道府県があります。都道府県の役所が置かれている都市のことを都道府県庁所在地といいます。

✪次の①～④にあてはまる都道府県名を書きましょう。また、あなたの住んでいる都道府県に好きな色をぬってみましょう。

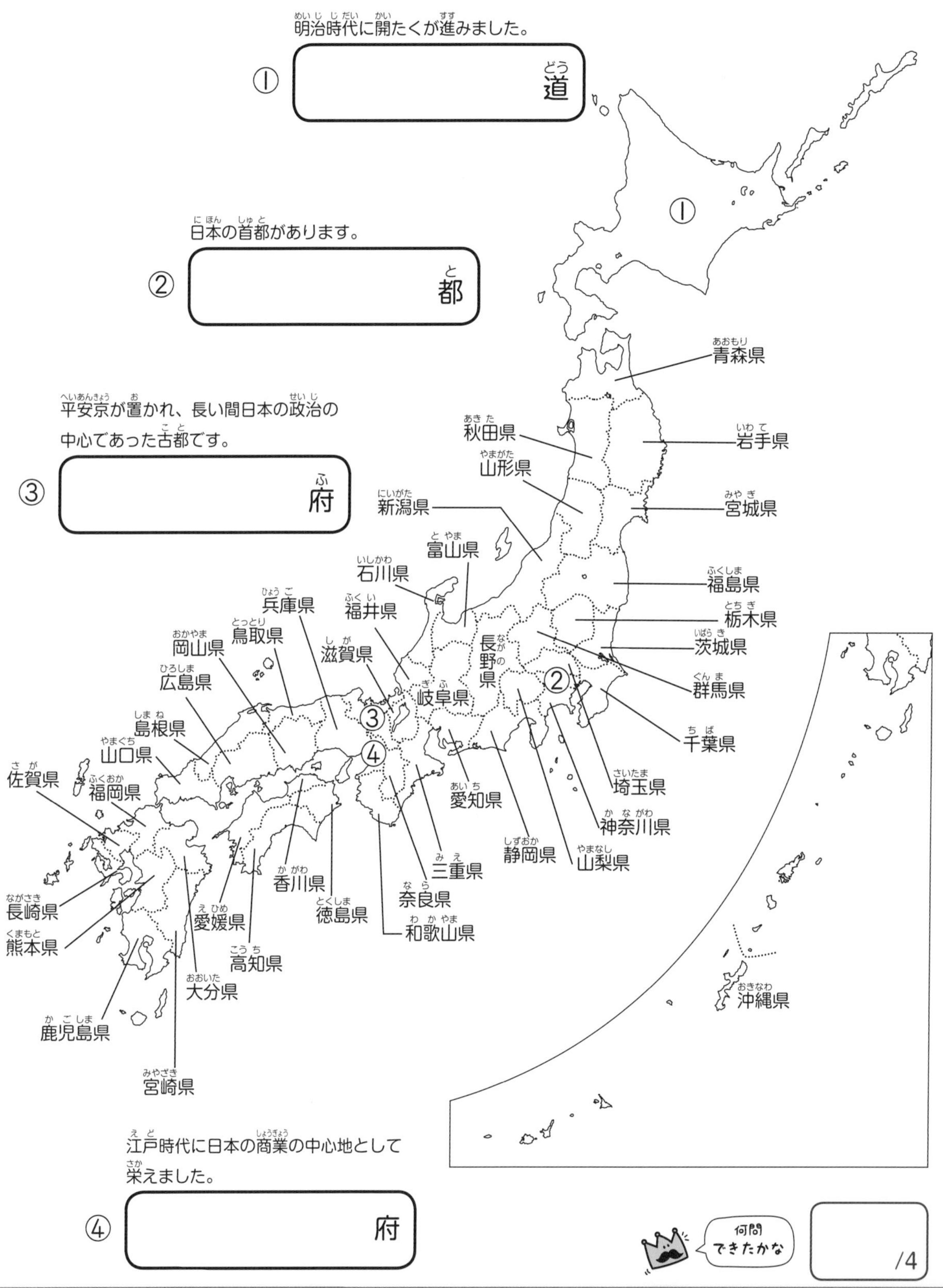

ヒント 北海道は、江戸時代までは「蝦夷地」(異民族の住む地)とよばれていたよ。

2 日本を７つに分けよう

－７地方区分

月	日	時	分～	時	分

名前

✪日本の７地方区分の名前を、それぞれなぞって覚えましょう。また、下の

□に書いてみましょう。

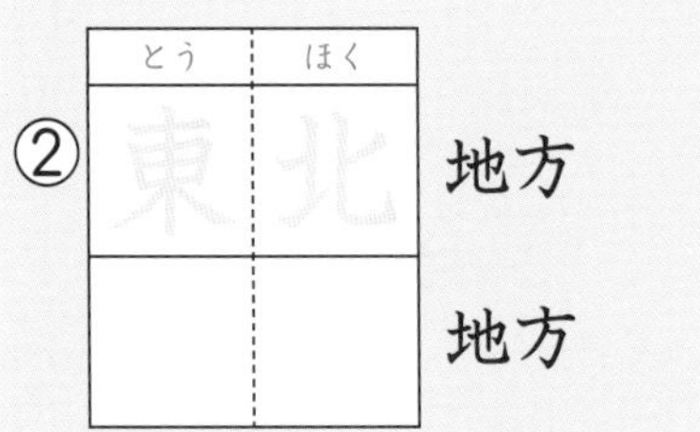

かん とう
③ 関東 地方
地方

ちゅう ぶ
④ 中部 地方
地方

きん き
⑤ 近畿 地方
地方

ちゅう ごく　し こく
⑥ 中国・四国 地方
地方

きゅう しゅう
⑦ 九州 地方
地方

✪次の①～⑦にあてはまる７地方区分名を書きましょう。また、あなたの住んでいる地方に好きな色をぬってみましょう。

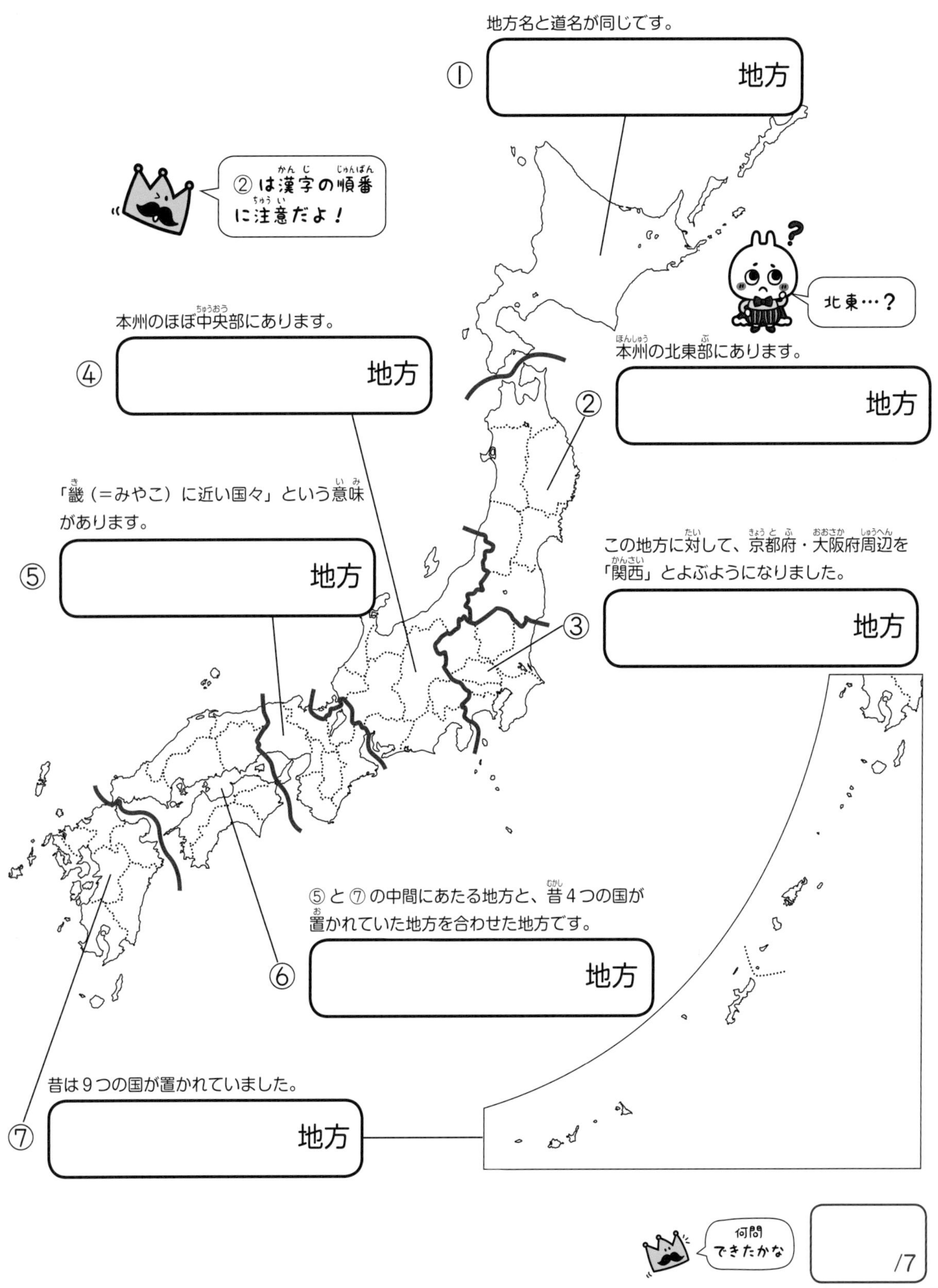

ヒント 東日本と西日本、太平洋側と日本海側のように、日本を大きく２つに分けてとらえることもできるよ。

3 北海道・東北地方①
ー道県名・道県庁所在地名・地形

月　日　時　分～　時　分

名前

✪①～⑦の道県名・道県庁所在地名、⑧・⑨の地域・山脈の名前を、それぞれなぞって覚えましょう。

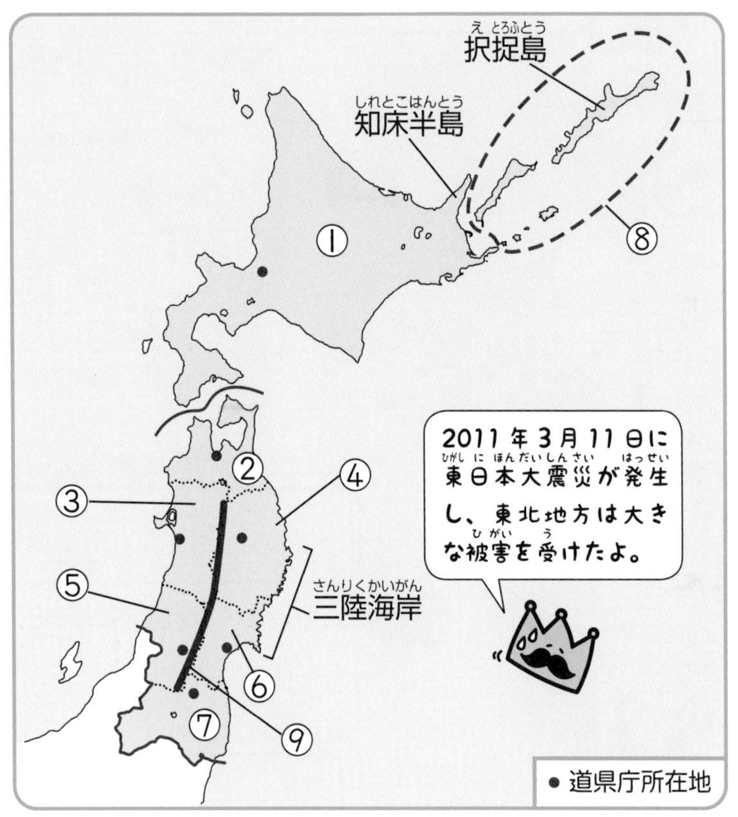

①	北海（ほっかい）	道
	札幌（さっぽろ）	市
②	青森（あおもり）	県
	青森（あおもり）	市
③	秋田（あきた）	県
	秋田（あきた）	市
④	岩手（いわて）	県
	盛岡（もりおか）	市
⑤	山形（やまがた）	県
	山形（やまがた）	市
⑥	宮城（みやぎ）	県
	仙台（せんだい）	市
⑦	福島（ふくしま）	県
	福島（ふくしま）	市
⑧	北方領土（ほっぽうりょうど）	
⑨	奥羽山脈（おううさんみゃく）	

次の①～⑪にあてはまる北海道・東北地方の道県名・道県庁所在地名、地域・山脈の名前を書きましょう。

北海道は、もともとアイヌの人々が住んでいました。そのため、アイヌの言葉がもとになった地名が多くあります。

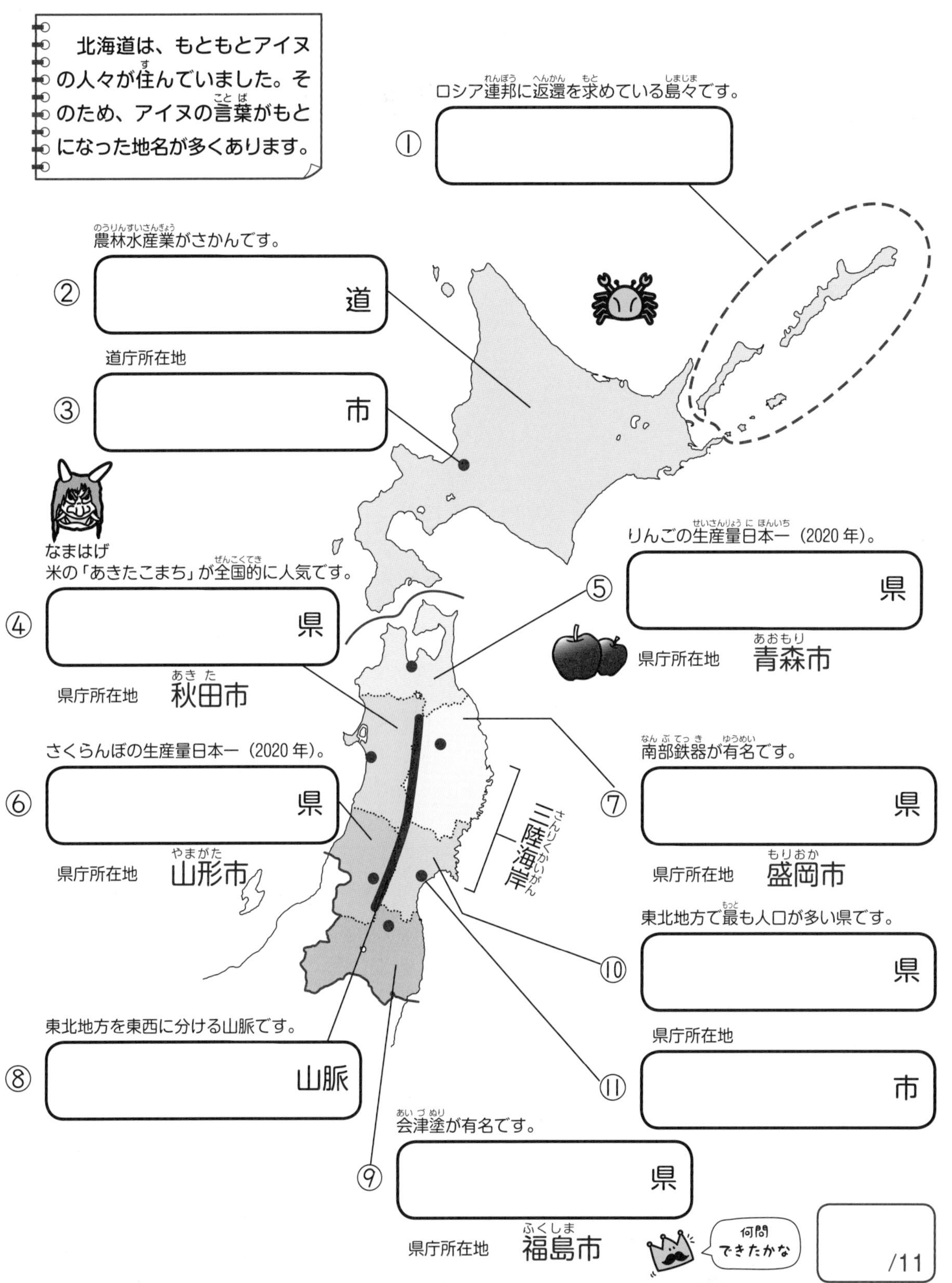

ヒント ①は択捉島、国後島、色丹島、歯舞群島を合わせた地域で、現在ロシア連邦によって占領されているよ。

4 北海道・東北地方②－産業

月　日　時　分～　時　分
名前

✪北海道・東北地方で生産量が多い米・野菜・くだもの・肉・水産物（魚・貝など）にあてはまるシールを、下の地図の道県にはりましょう。（シールは、この本のはじめにとじこんであります。）

＊赤字は生産量全国第１位（2020年、米・肉は2021年）。

米・野菜・くだもの・肉・水産物	
北海道	米・じゃがいも・たまねぎ・メロン・牛肉・さんま
青森県	りんご
秋田県	米
岩手県	とり肉・さんま・わかめ
山形県	さくらんぼ・ぶどう
宮城県	わかめ・かき
福島県	もも

魚や貝などをいけすなどで人工的に育てることを養しょく（養殖業）というよ。

かきやわかめは養しょくによってつくられているんだね。

北海道
さんま
メロン
シール
シール
シール
青森県
秋田県
岩手県
とり肉
さんま
宮城県
山形県
ぶどう
福島県
シール
シール
シール
シール
シール
シール

米
じゃがいも
たまねぎ
りんご
さくらんぼ
もも
牛肉
かき
わかめ

✪次の①～⑧の米・野菜・くだもの・肉・水産物（魚・貝など）は、どこの道県で生産量が多いですか。下の図を見て、右の道県名と——で結びましょう。

＊米は２つの道県と結ばれます。

① 米	●	●	北海道
② じゃがいも	●	●	青森県
③ もも	●	●	秋田県
④ かき	●	●	岩手県
⑤ とり肉	●	●	山形県
⑥ 牛肉	●	●	宮城県
⑦ さくらんぼ	●	●	福島県
⑧ りんご	●		

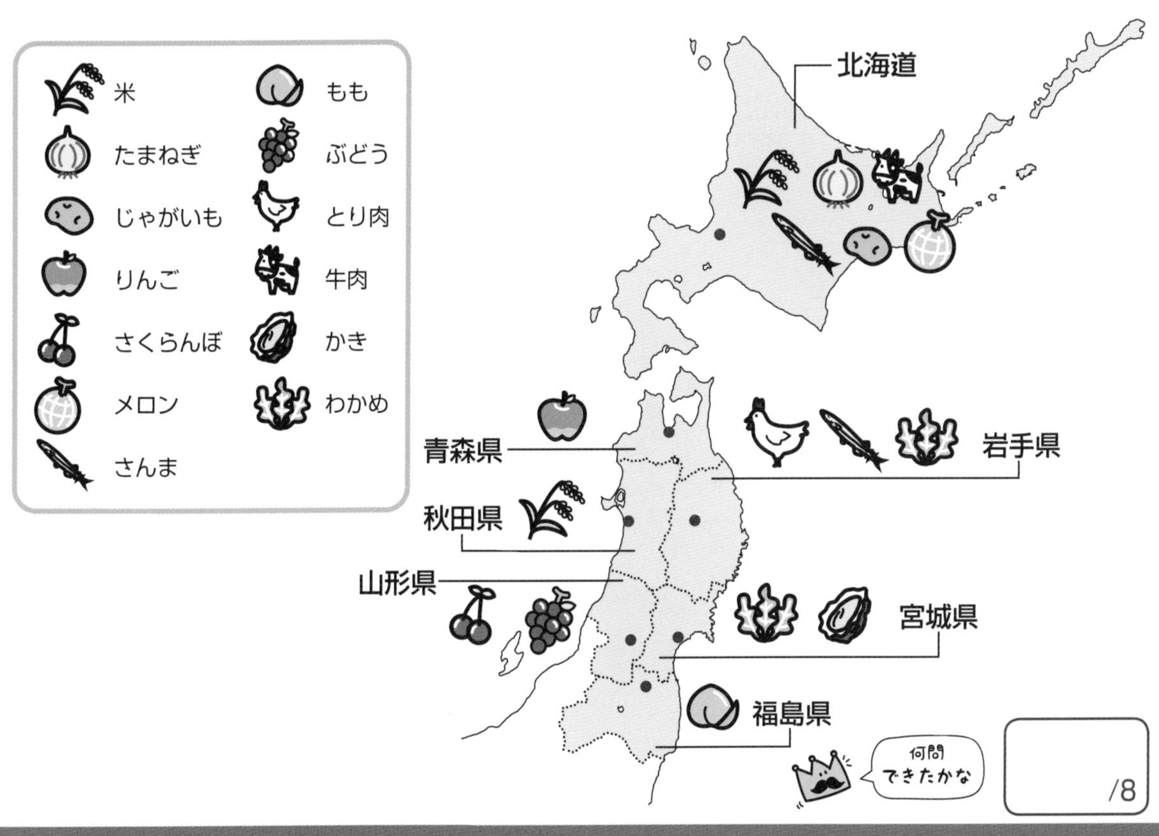

ヒント 東北地方の太平洋側では、波が少なくおだやかなリアス海岸でかきやわかめの養しょくがさかんだよ。

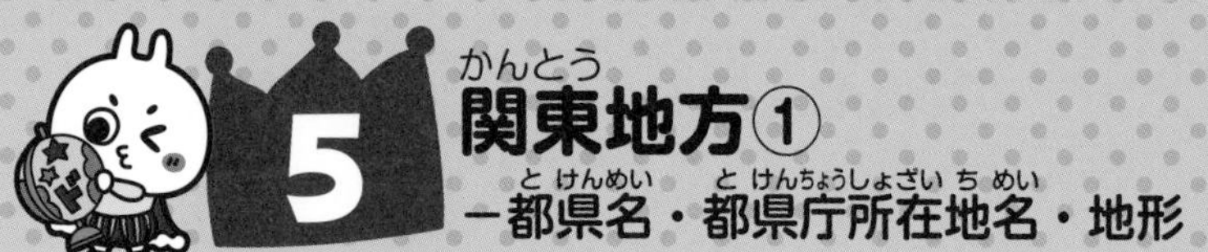

5 関東地方①（かんとう）
―都県名・都県庁所在地名・地形

月	日	時	分～	時	分

名前

✪①～⑦の都県名・都県庁所在地名、⑧・⑨の湖（みずうみ）・川の名前を、それぞれなぞって覚（おぼ）えましょう。

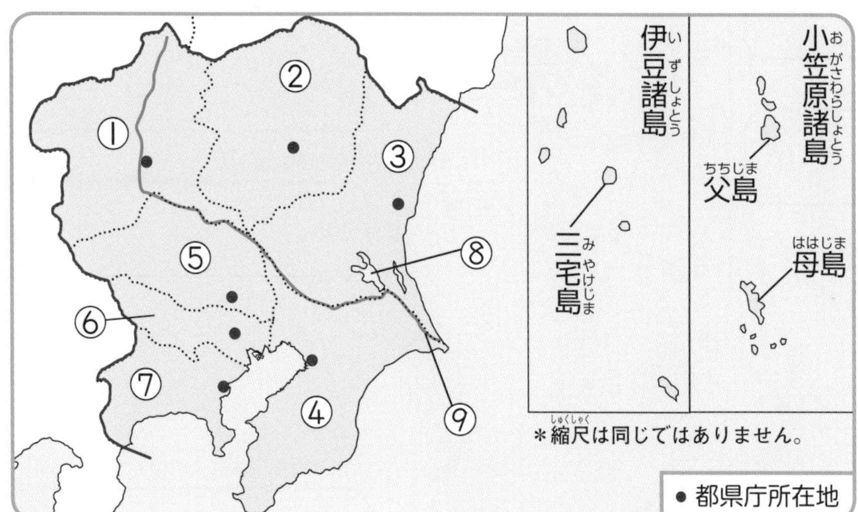

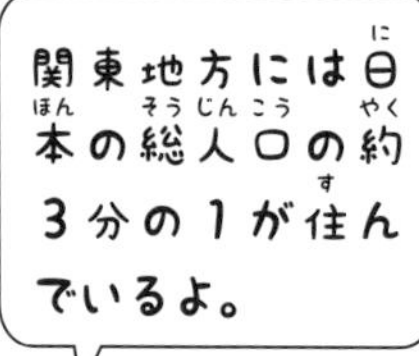

①	
群馬（ぐんま）	県
前橋（まえばし）	市

②	
栃木（とちぎ）	県
宇都宮（うつのみや）	市

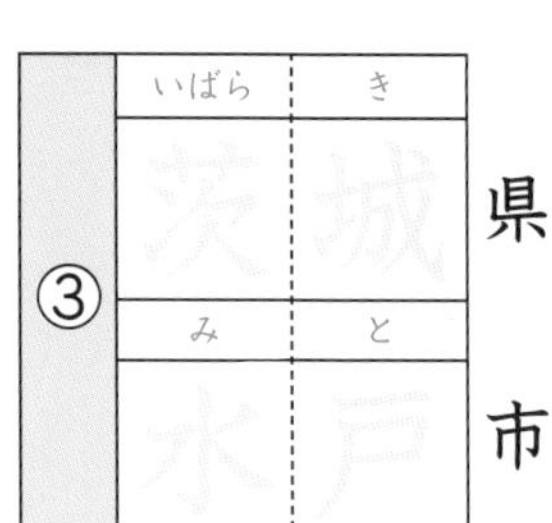

③	
茨城（いばらき）	県
水戸（みと）	市

④	
千葉（ちば）	県
千葉（ちば）	市

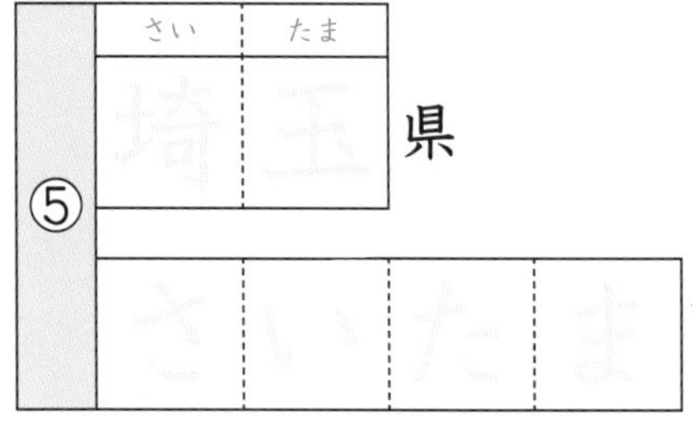

⑤	
埼玉（さいたま）	県
さいたま	市

⑥	
東京（とうきょう）	都
東京（とうきょう）	

⑦	
神奈川（かながわ）	県
横浜（よこはま）	市

⑧
霞ヶ浦（かすみがうら）

⑨
利根川（とねがわ）

次の①～⑪にあてはまる関東地方の都県名・都県庁所在地名、川の名前を書きましょう。

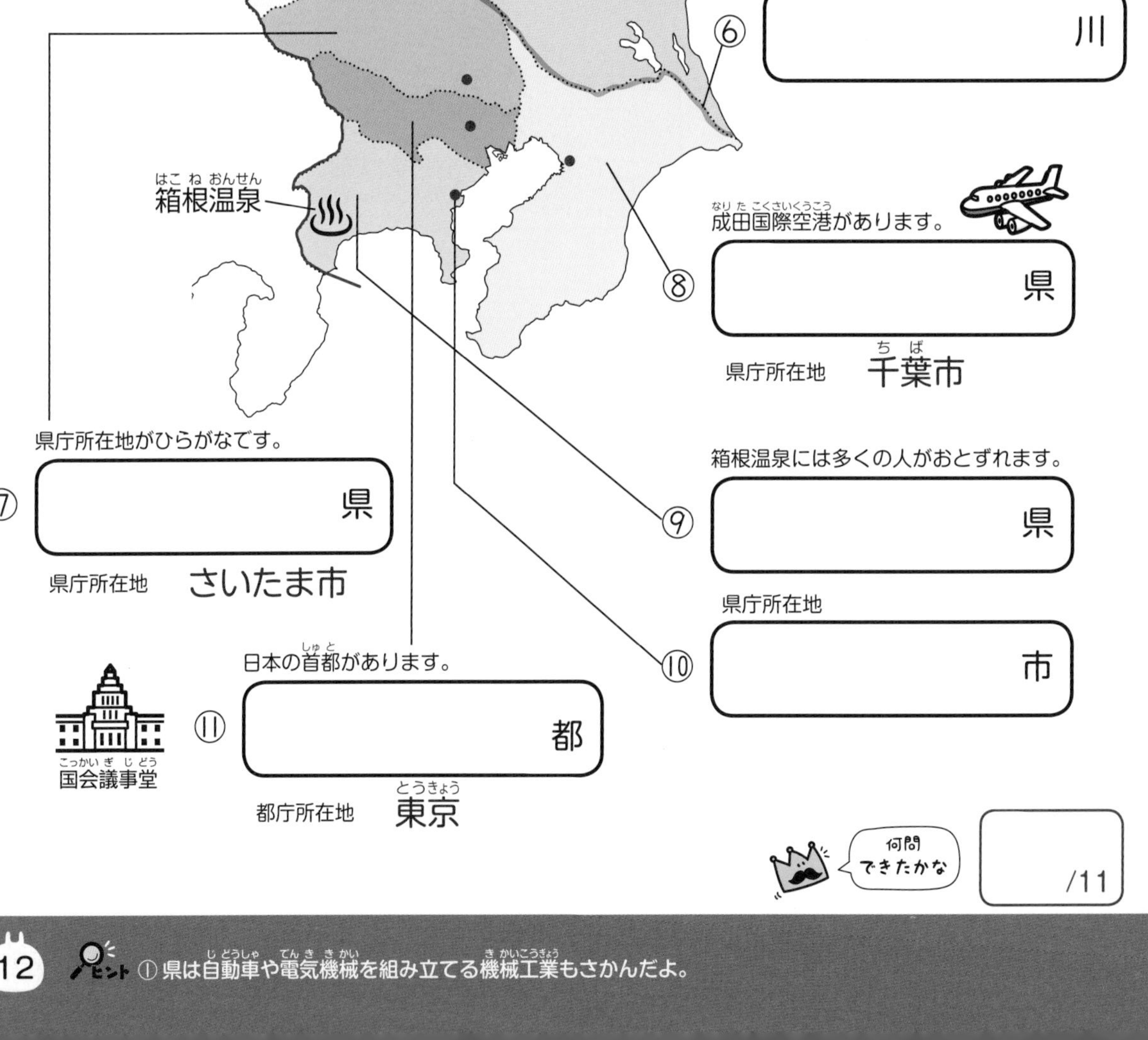

ヒント ①県は自動車や電気機械を組み立てる機械工業もさかんだよ。

6 関東地方②－産業

月　日　時　分～　時　分

名前

✪関東地方で生産量が多い野菜・くだもの・肉にあてはまるシールを、下の地図の都県にはりましょう。また、生産がさかんな工業製品を見てみましょう。

＊赤字は生産量全国第1位（2020年、肉は2021年）。

野菜・くだもの・肉	
群馬県	キャベツ・ぶた肉
栃木県	いちご
茨城県	ピーマン・レタス・日本なし・メロン
千葉県	キャベツ・日本なし

＊赤字は出荷金額全国第1位（2019年）。

工業製品	
群馬県	自動車
東京都	印刷物

大都市のまわりの県は、短い時間で大都市に出荷できるため、いたみやすい野菜やくだものの生産がさかんなんだ。

キャベツ　 レタス　 ピーマン　 いちご

日本なし　メロン　 ぶた肉

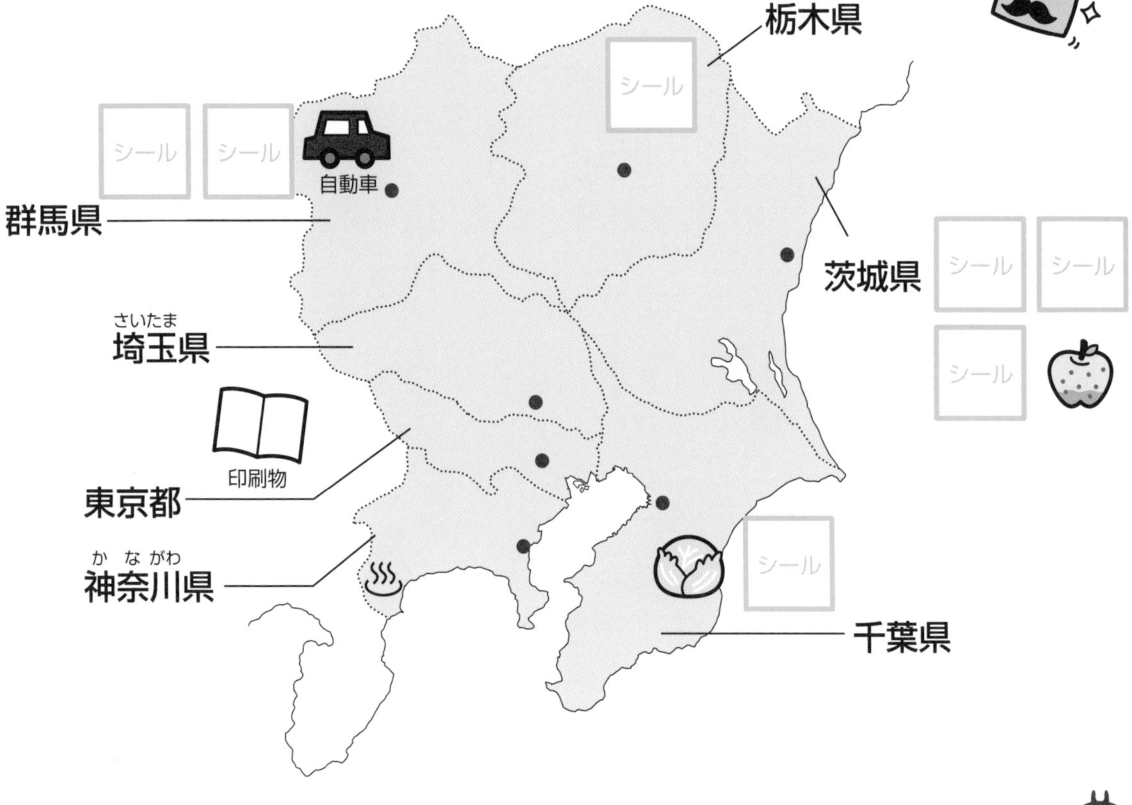

✪次の①～⑥の野菜・くだもの・肉・工業製品は、どこの都県で生産量・出荷金額が多いですか。下の図を見て、右の都県名と――で結びましょう。

＊キャベツは２つの県と結ばれます。

①キャベツ ●	● 群馬県
②ピーマン ●	● 栃木県
③いちご ●	● 茨城県
④ぶた肉 ●	● 千葉県
⑤自動車 ●	● 東京都
⑥印刷物 ●	

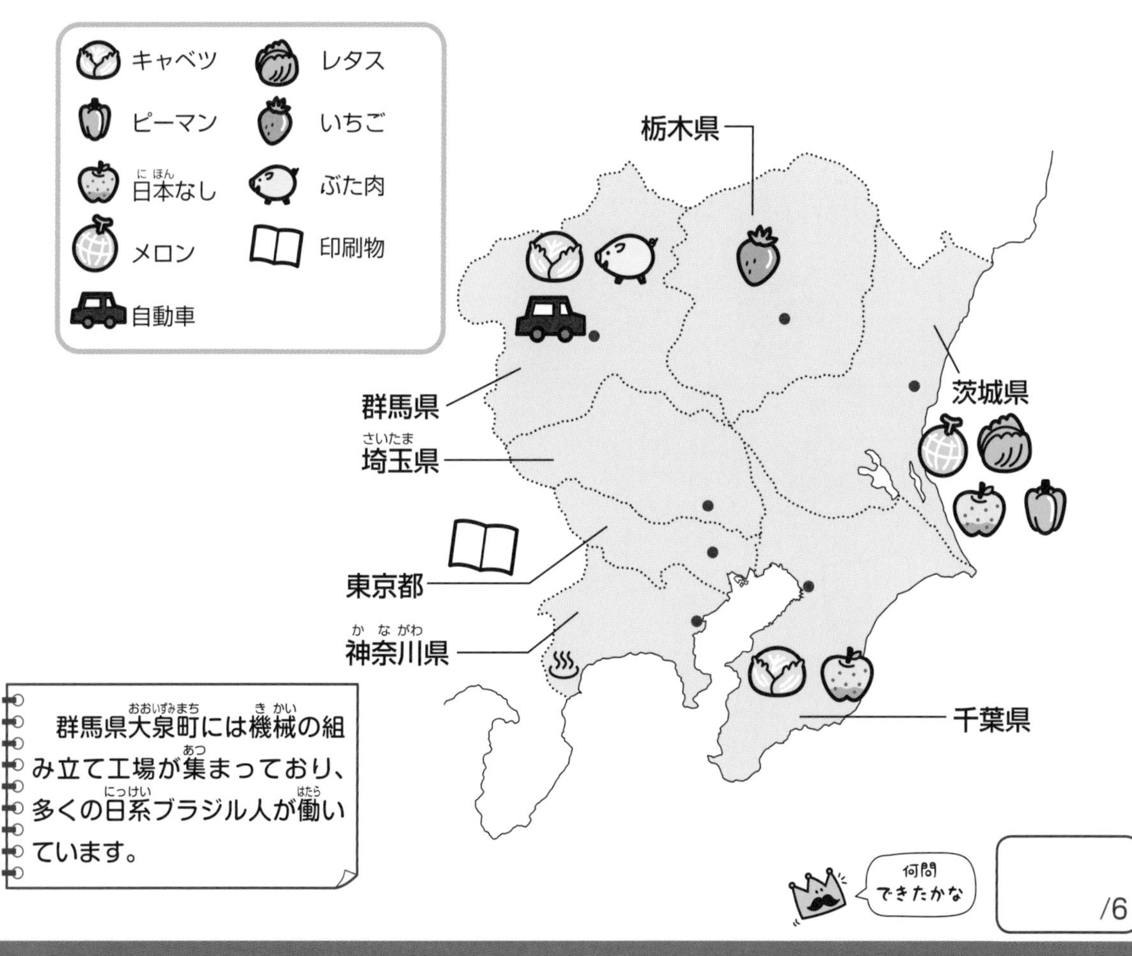

ヒント 商品や情報を求めて多くの人が集まる東京都は、文化の発信地となっているよ。

7 中部地方①（ちゅうぶちほう）
ー県名・県庁所在地名・地形（けんめい・けんちょうしょざいちめい・ちけい）

月	日	時	分～	時	分

名前

①～⑨の県名・県庁所在地名、⑩～⑫の川・山脈（さんみゃく）・平野（へいや）の名前を、それぞれなぞって覚（おぼ）えましょう。

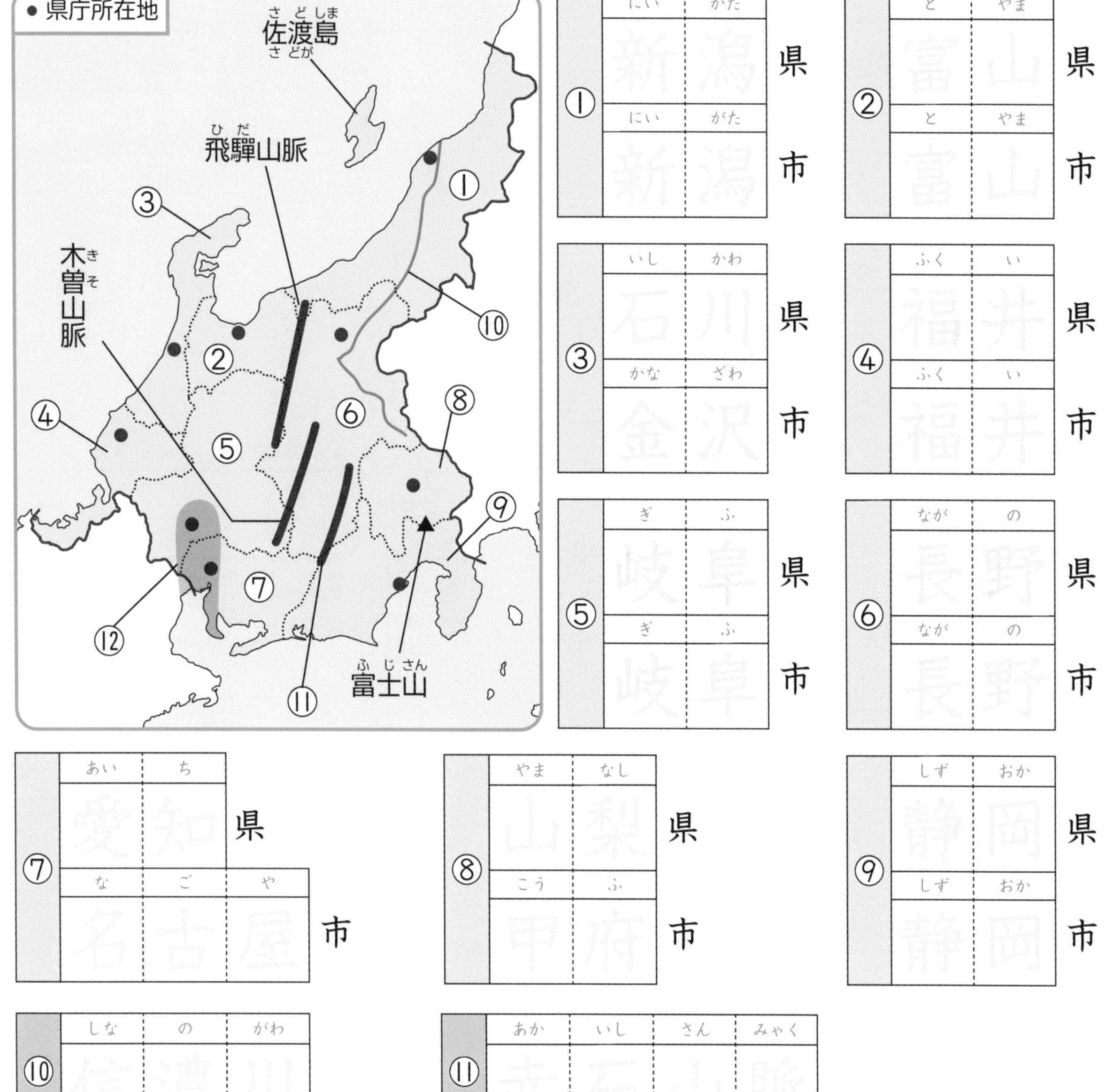

① 新潟（にいがた）県　新潟（にいがた）市

② 富山（とやま）県　富山（とやま）市

③ 石川（いしかわ）県　金沢（かなざわ）市

④ 福井（ふくい）県　福井（ふくい）市

⑤ 岐阜（ぎふ）県　岐阜（ぎふ）市

⑥ 長野（ながの）県　長野（ながの）市

⑦ 愛知（あいち）県　名古屋（なごや）市

⑧ 山梨（やまなし）県　甲府（こうふ）市

⑨ 静岡（しずおか）県　静岡（しずおか）市

⑩ 信濃川（しなのがわ）

⑪ 赤石山脈（あかいしさんみゃく）

⑫ 濃尾平野（のうびへいや）

✪次の①～⑪にあてはまる中部地方の県名・県庁所在地名、山脈の名前を書きましょう。

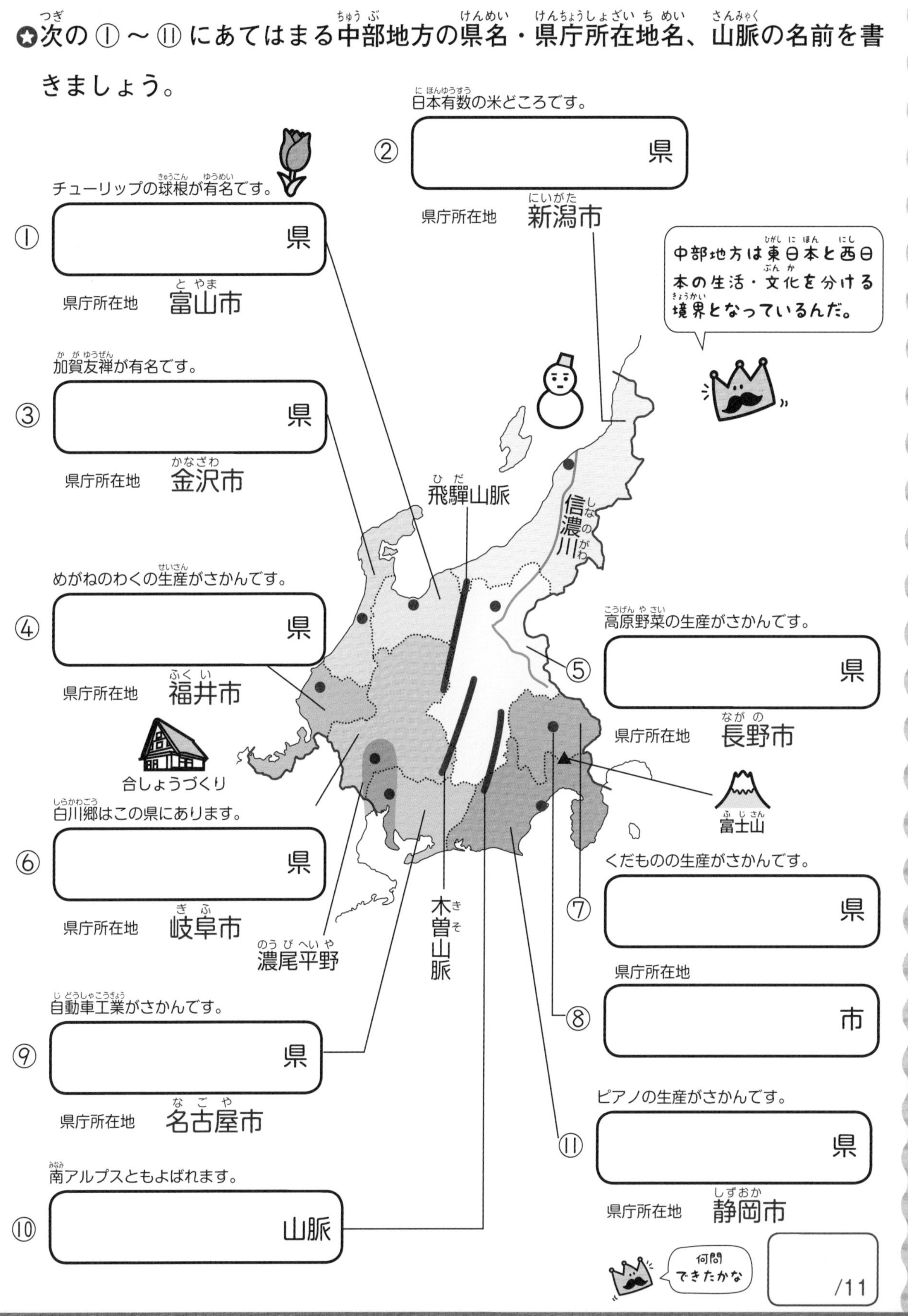

ヒント 標高 3000 m級の山がつらなる飛驒山脈・木曽山脈・⑩山脈の３つを合わせて日本アルプスとよぶよ。

月	日	時	分～	時	分
名前					

✪中部地方で生産量が多い米・野菜・くだもの・茶・水産物（魚）にあてはまるシールを、下の地図の県にはりましょう。また、生産がさかんな工業製品を見てみましょう。

＊赤字は生産量全国第1位（2020年、米は2021年）。

米・野菜・くだもの・茶・花・水産物			
新潟県	米	山梨県	ぶどう・もも
長野県	レタス・りんご・ぶどう・もも		
愛知県	キャベツ・きく		
静岡県	茶・みかん・まぐろ・かつお		

＊赤字は出荷金額全国第1位（2019年）。

工業製品	
福井県	めがねのわく
静岡県	ピアノ
愛知県	自動車

米　ぶどう　キャベツ　みかん　レタス　茶　りんご　まぐろ　もも

北陸は、雪が積もる冬の間は農作業ができないため、副業がさかんになり、各地で地場産業が発達しました。輪島塗、加賀友禅、越前和紙などが有名です。

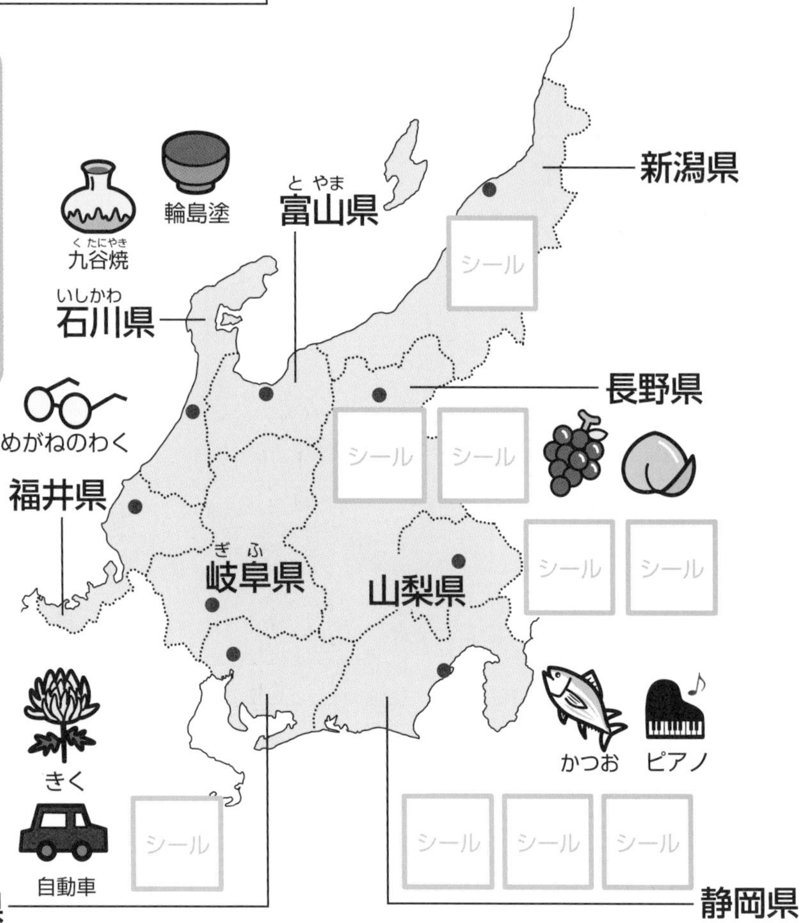

新潟県　富山県　石川県　長野県　福井県　岐阜県　山梨県　愛知県　静岡県

輪島塗　九谷焼　めがねのわく　きく　自動車　かつお　ピアノ

シール　シール　シール　シール　シール　シール　シール　シール　シール　シール

✪次の①～⑦の米・野菜・くだもの・茶・工業製品は、どこの県で生産量・出荷金額が多いですか。下の図を見て、右の県名と——で結びましょう。

＊ぶどうは２つの県と結ばれます。

①米 ●		● 新潟県
②キャベツ ●		● 福井県
③レタス ●		● 長野県
④ぶどう ●		● 静岡県
⑤茶 ●		● 愛知県
⑥めがねのわく ●		● 山梨県
⑦自動車 ●		

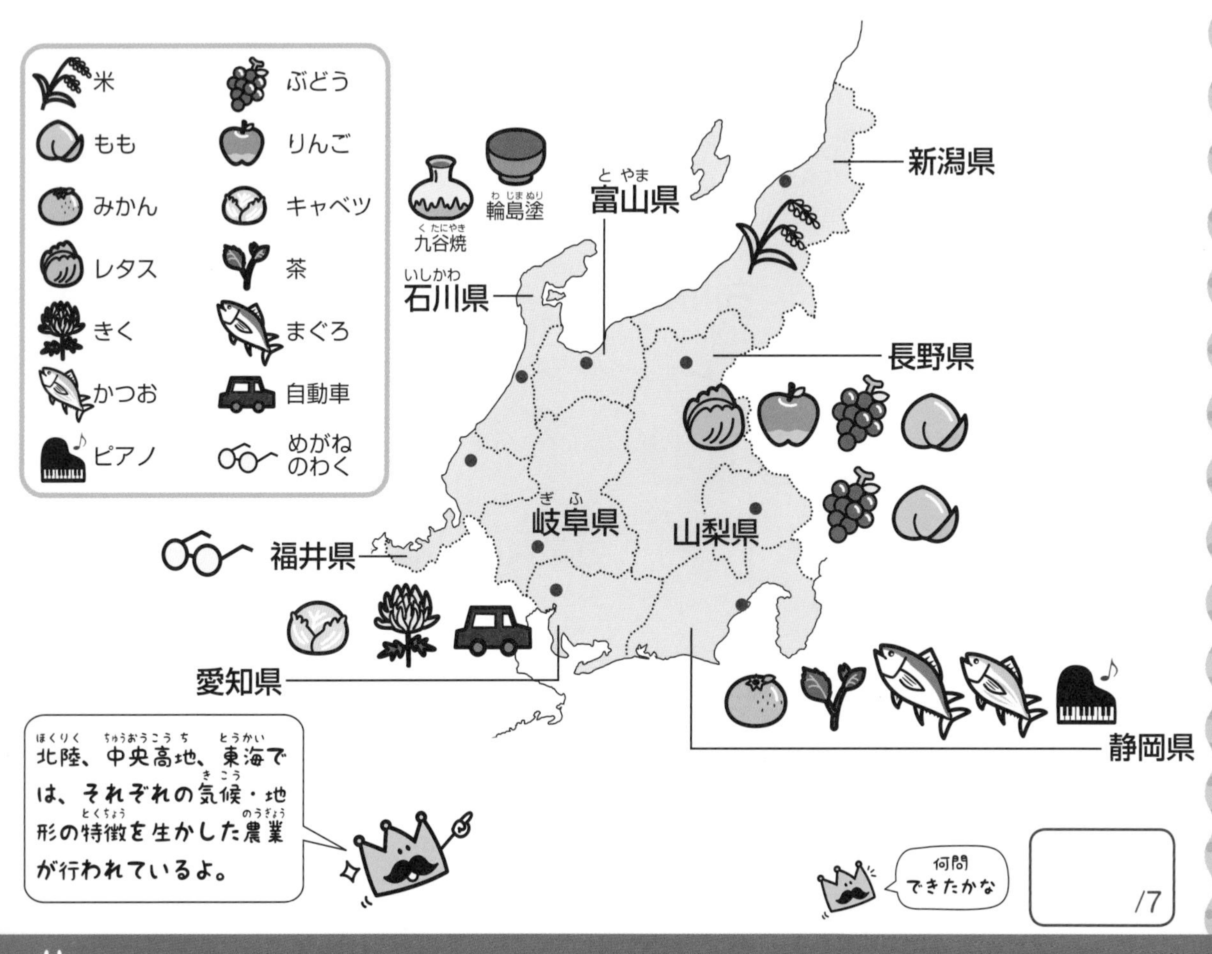

ヒント　自動車は豊田市、ピアノは浜松市で特に生産がさかんです。それぞれどこの県にあるかな？

9 まとめのテスト１

月	日	時	分～	時	分

名前　　　　　/100

✪次の地図を見て、あとの問いに答えましょう。

（各３点）

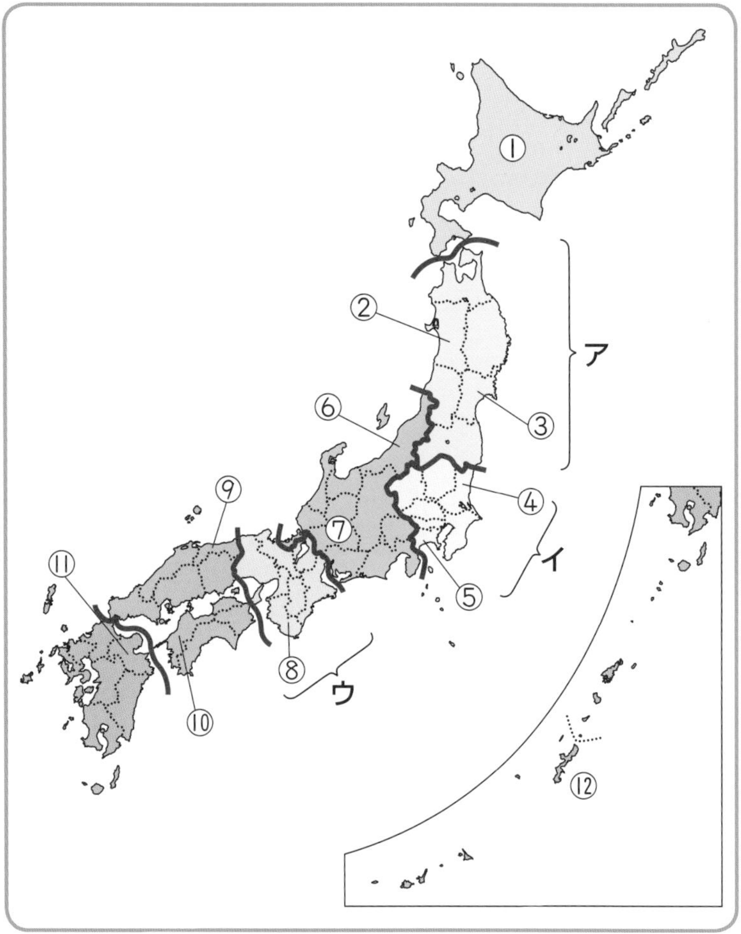

⑴　①～⑫の都道府県名を書きましょう。

⑵　ア～ウの７地方区分名を書きましょう。

⑴	①
	②
	③
	④
	⑤
	⑥
	⑦
	⑧
	⑨
	⑩
	⑪
	⑫
⑵	ア
	イ
	ウ

✪ 次の地図を見て、あとの問いに答えましょう。

((1)…3点、(2)～(4)…各4点)

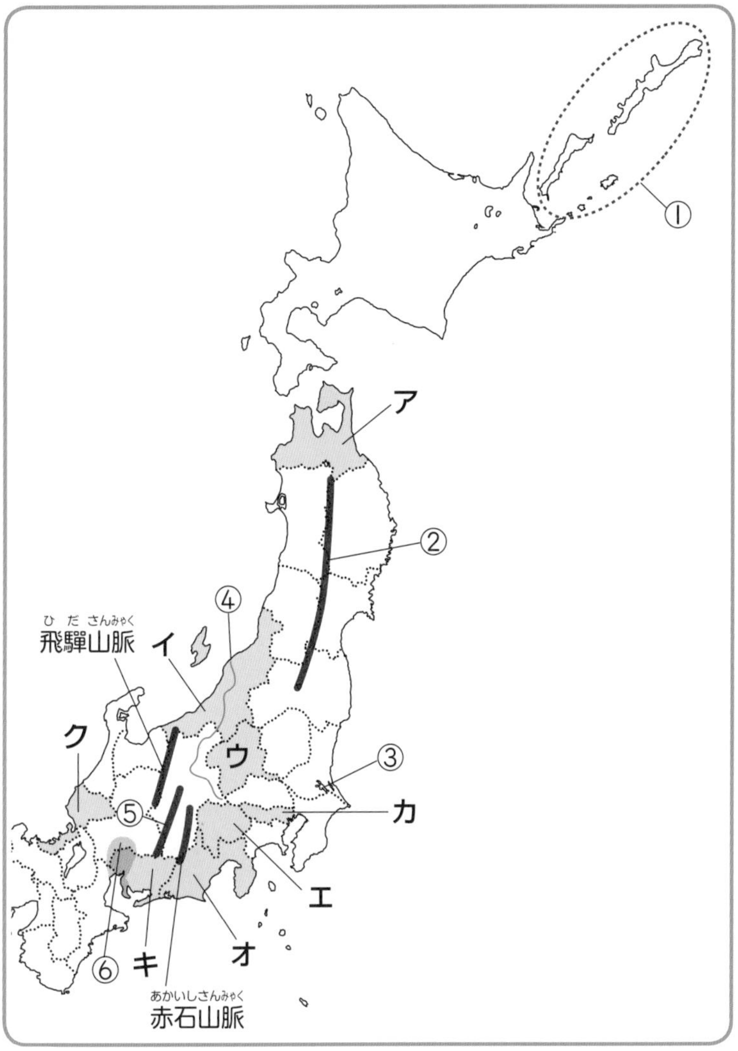

飛騨山脈
赤石山脈
ア イ ウ エ オ カ キ ク
① ② ③ ④ ⑤ ⑥

(1) ①の地域名を書きましょう。

(2) ②～⑥の山脈・湖・川・平野名を書きましょう。

(3) **ア～オ**の県で生産がさかんな農産物を、次から1つずつ選んで書きましょう。

米　茶　キャベツ　もも　りんご

(4) **カ～ク**の都県で出荷金額が第1位（2019年）の工業製品を、次から1つずつ選んで書きましょう。

印刷物　自動車　めがねのわく

(1)	①	
(2)	②	
	③	
	④	
	⑤	
	⑥	
(3)	ア	
	イ	
	ウ	
	エ	
	オ	
(4)	カ	
	キ	
	ク	

ヒント 北陸は全国有数の米の生産地になっているよ。「コシヒカリ」が有名だね。

10 近畿地方①
ー府県名・府県庁所在地名・地形

月	日	時	分～	時	分
名前					

✪①～⑦の府県名・府県庁所在地名、⑧～⑩の湖・島・山地の名前を、それぞれなぞって覚えましょう。

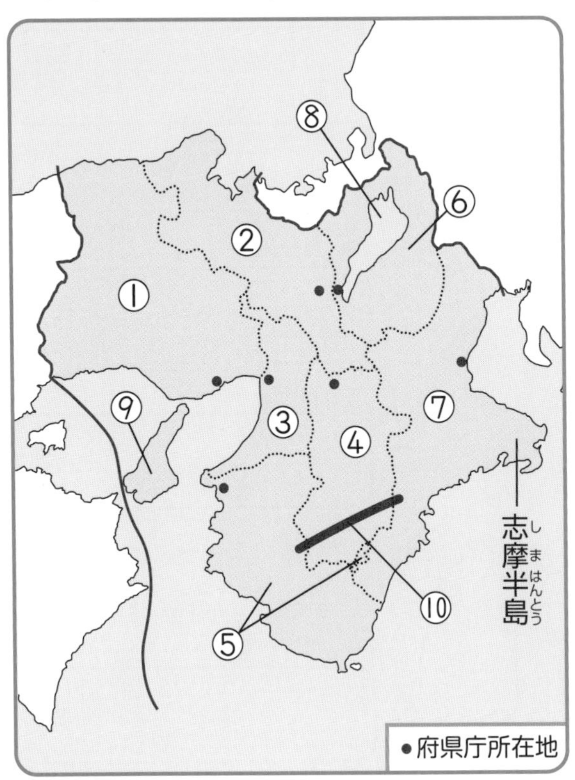

① 兵庫（ひょうご）県　神戸（こうべ）市

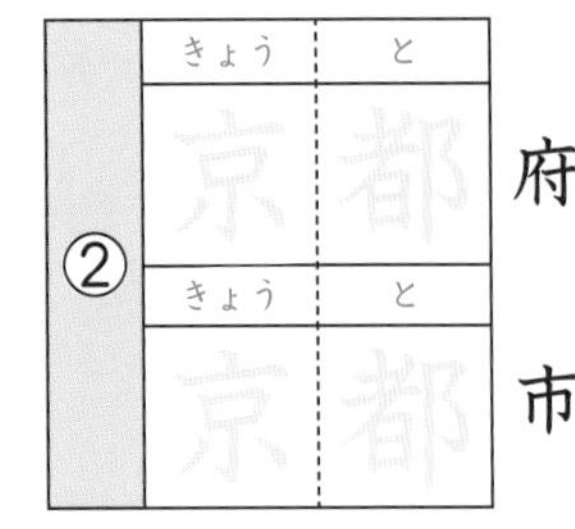

③ 大阪（おおさか）府　大阪（おおさか）市

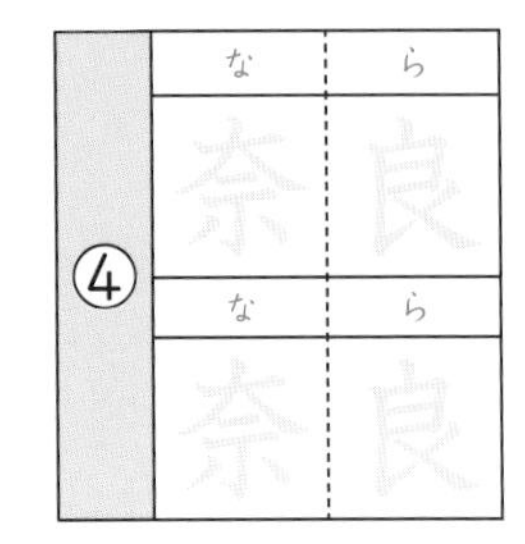

⑤ 和歌山（わかやま）県　和歌山（わかやま）市

⑥ 滋賀（しが）県　大津（おおつ）市

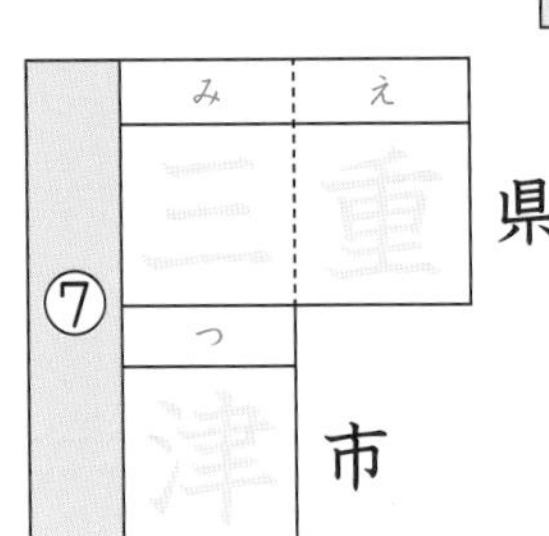

三重県は、7地方区分だと近畿地方にふくまれますが、中部地方のうちの東海にふくめることがあります。工業や生活などの面では、中部地方との結びつきが強くなっています。

⑧ 琵琶湖（びわこ）

⑨ 淡路島（あわじしま）

⑩ 紀伊山地（きいさんち）

✪次の①～⑩にあてはまる近畿地方の府県名・府県庁所在地名、湖の名前を書きましょう。

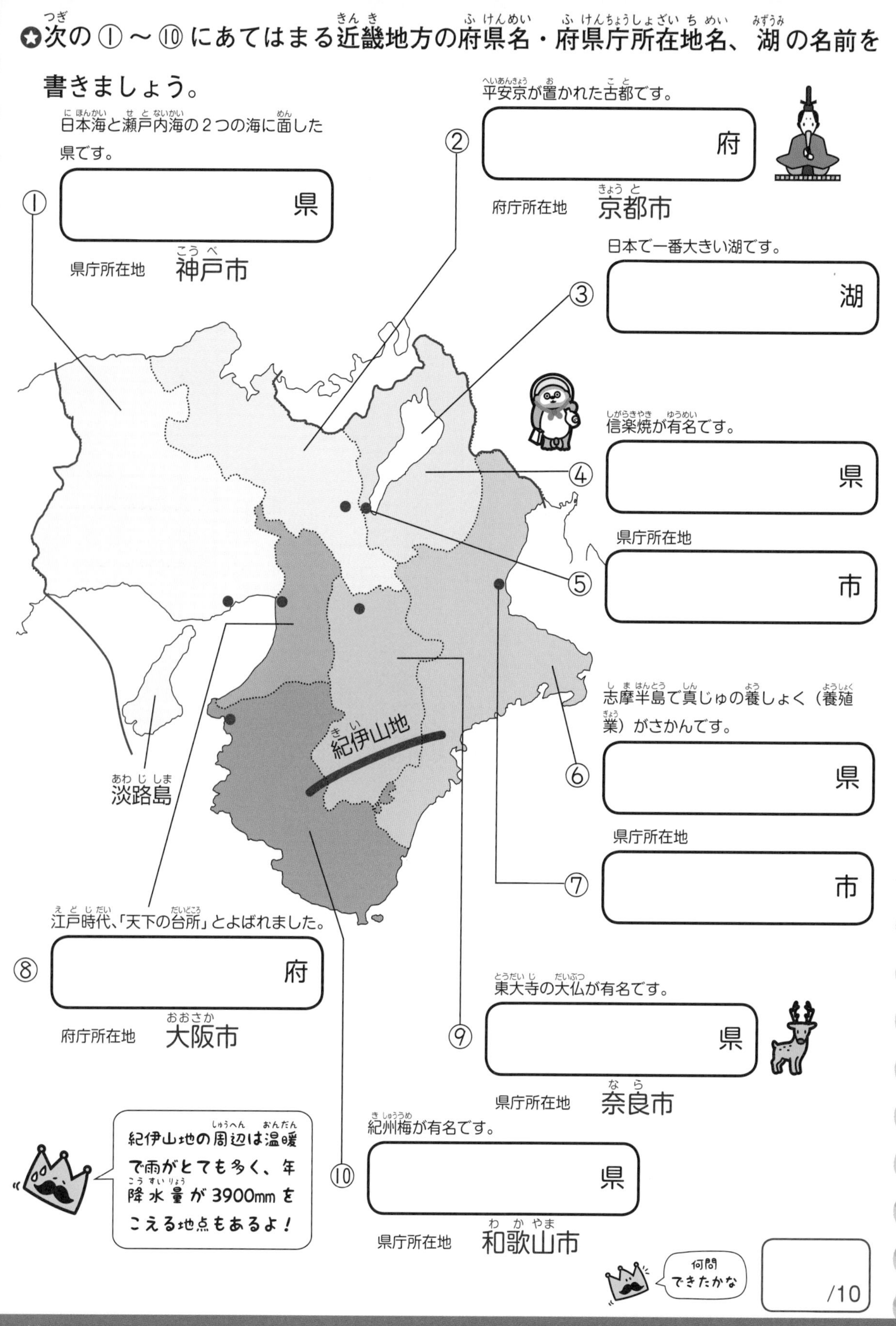

① 日本海と瀬戸内海の２つの海に面した県です。

（　　　　　　　）県

県庁所在地　神戸市

② 平安京が置かれた古都です。

（　　　　　　　）府

府庁所在地　京都市

③ 日本で一番大きい湖です。

（　　　　　　　）湖

④ 信楽焼が有名です。

（　　　　　　　）県

⑤ 県庁所在地

（　　　　　　　）市

⑥ 志摩半島で真じゅの養しょく（養殖業）がさかんです。

（　　　　　　　）県

⑦ 県庁所在地

（　　　　　　　）市

⑧ 江戸時代、「天下の台所」とよばれました。

（　　　　　　　）府

府庁所在地　大阪市

⑨ 東大寺の大仏が有名です。

（　　　　　　　）県

県庁所在地　奈良市

⑩ 紀州梅が有名です。

（　　　　　　　）県

県庁所在地　和歌山市

紀伊山地の周辺は温暖で雨がとても多く、年降水量が3900mmをこえる地点もあるよ！

何問できたかな　　/10

ヒント ⑤は２文字、⑦は１文字。よく似ているので注意しよう！

11 近畿地方②－産業

月	日	時	分～	時	分
名前					

✪近畿地方で生産量が多い野菜・くだもの・茶にあてはまるシールを、下の地図の府県にはりましょう。また、有名な城・寺・神社を見てみましょう。

＊赤字は生産量全国第１位（2020年）。

野菜・くだもの・茶・貝	
兵庫県	たまねぎ
和歌山県	みかん・うめ
三重県	茶・真じゅ

＊青字は世界遺産（文化遺産）登録地。

城・寺・神社			
兵庫県	姫路城	滋賀県	延暦寺
京都府	平等院鳳凰堂・金閣・銀閣		
奈良県	法隆寺・東大寺		
三重県	伊勢神宮		

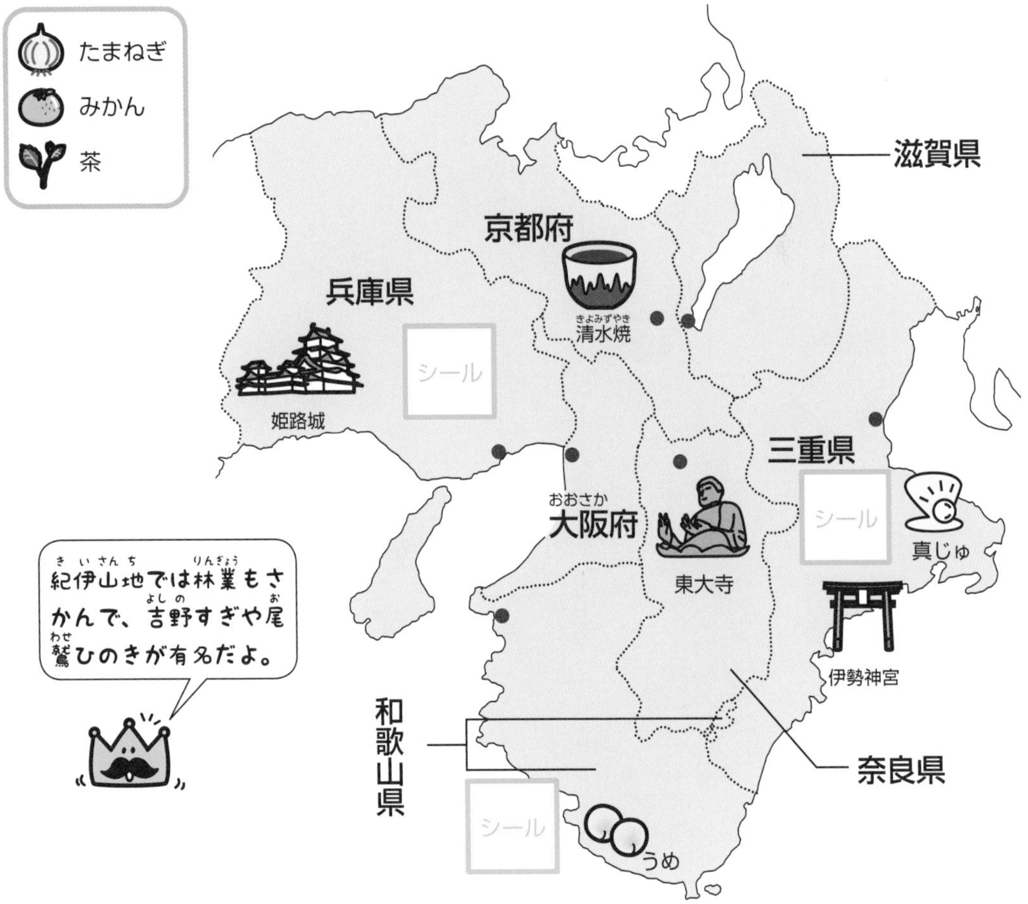

たまねぎ
みかん
茶

滋賀県
京都府
清水焼
兵庫県
シール
姫路城
三重県
シール
真じゅ
大阪府
東大寺
伊勢神宮
和歌山県
シール
うめ
奈良県

紀伊山地では林業もさかんで、吉野すぎや尾鷲ひのきが有名だよ。

✪次の①～③の野菜・くだもの・工芸品は、どこの府県で生産量が多いですか。また、④～⑥の城・寺・神社は、どこの府県にありますか。下の図を見て、右の府県名と――で結びましょう。

① たまねぎ ●		● 兵庫県
② みかん ●		● 京都府
③ 清水焼 ●		● 奈良県
④ 姫路城 ●		● 和歌山県
⑤ 東大寺 ●		● 三重県
⑥ 伊勢神宮 ●		

何問できたかな

/6

ヒント 1995年には、兵庫県の淡路島を震源とする阪神・淡路大震災が発生し、大きな被害が出たんだよ。

12 中国・四国地方①（ちゅうごく・しこく ちほう）
ー県名・県庁所在地名・地形（けんめい・けんちょうしょざいちめい・ちけい）

月	日	時	分～	時	分
名前					

✪①～⑨の県名・県庁所在地名、⑩・⑪の山地（さんち）・海の名前を、それぞれなぞって覚え（おぼ）ましょう。

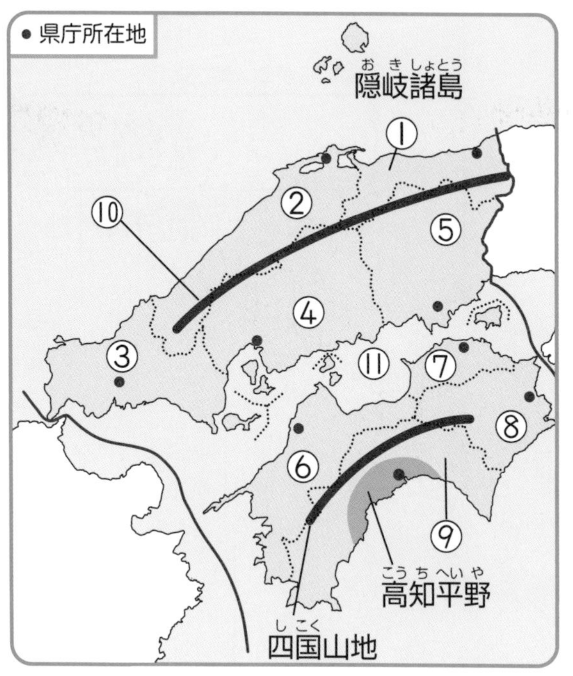

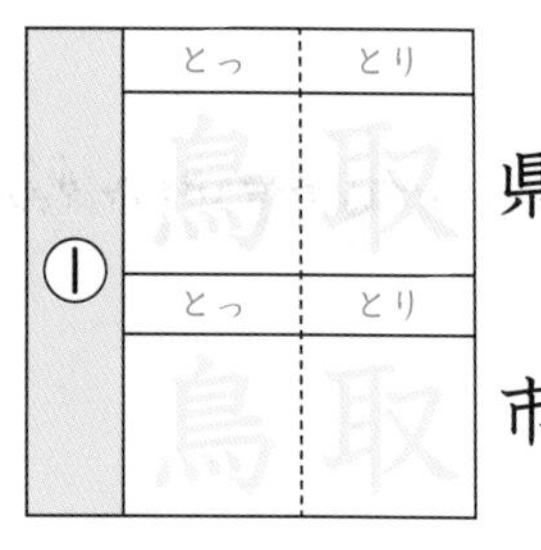

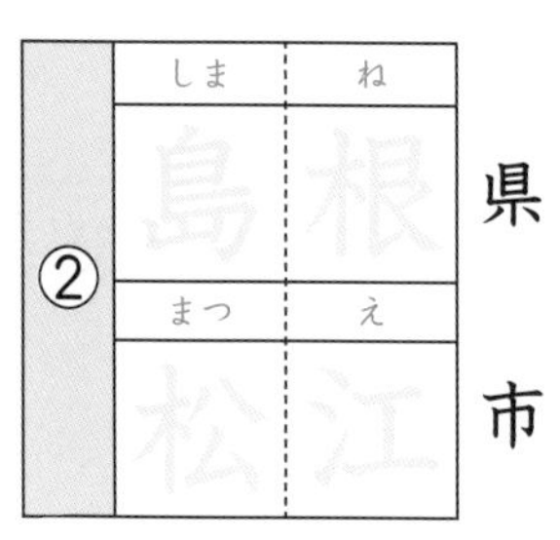

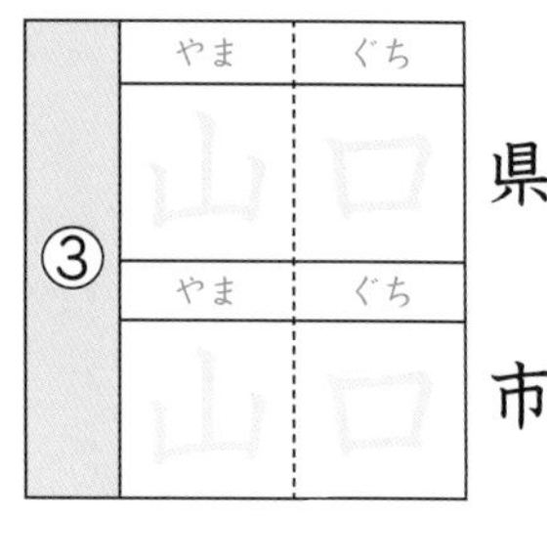

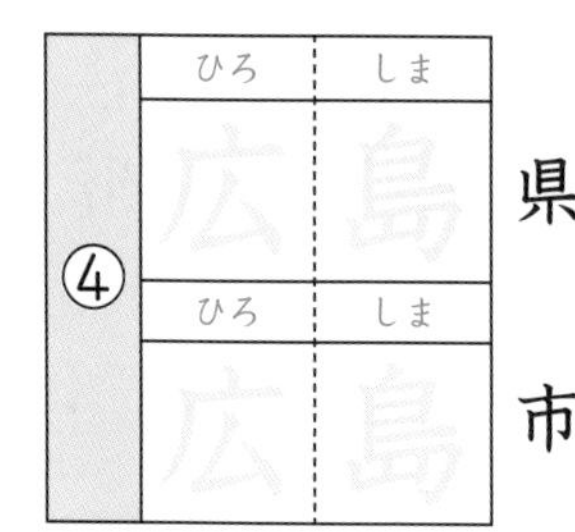

⑤ 岡山（おか やま）県
岡山（おか やま）市

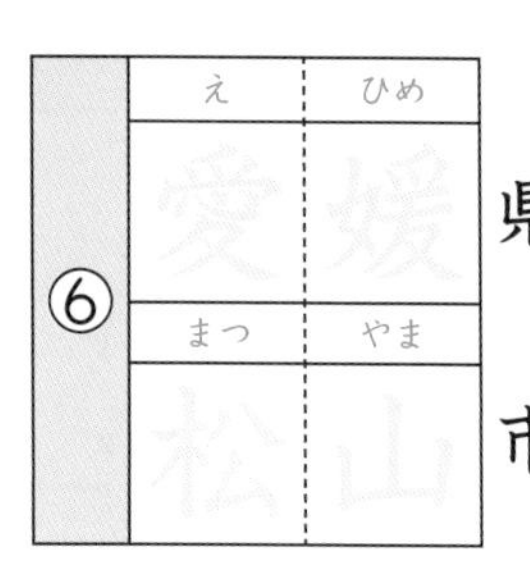

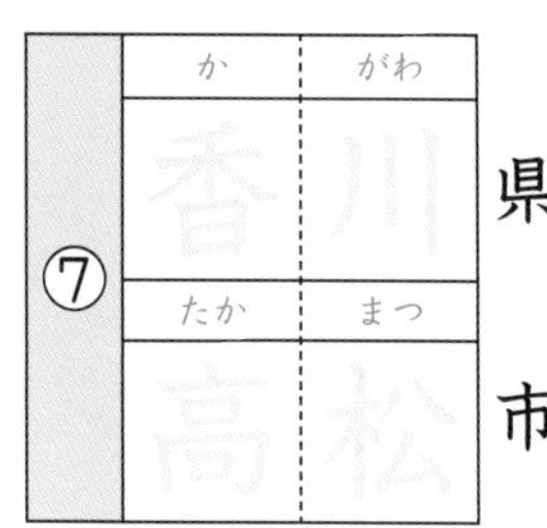

⑧ 徳島（とく しま）県
徳島（とく しま）市

⑨ 高知（こう ち）県
高知（こう ち）市

⑩ 中国山地（ちゅう ごく さん ち）

⑪ 瀬戸内海（せ と ない かい）

✪次の①～⑪にあてはまる中国・四国地方の県名・県庁所在地名、海の名前を書きましょう。

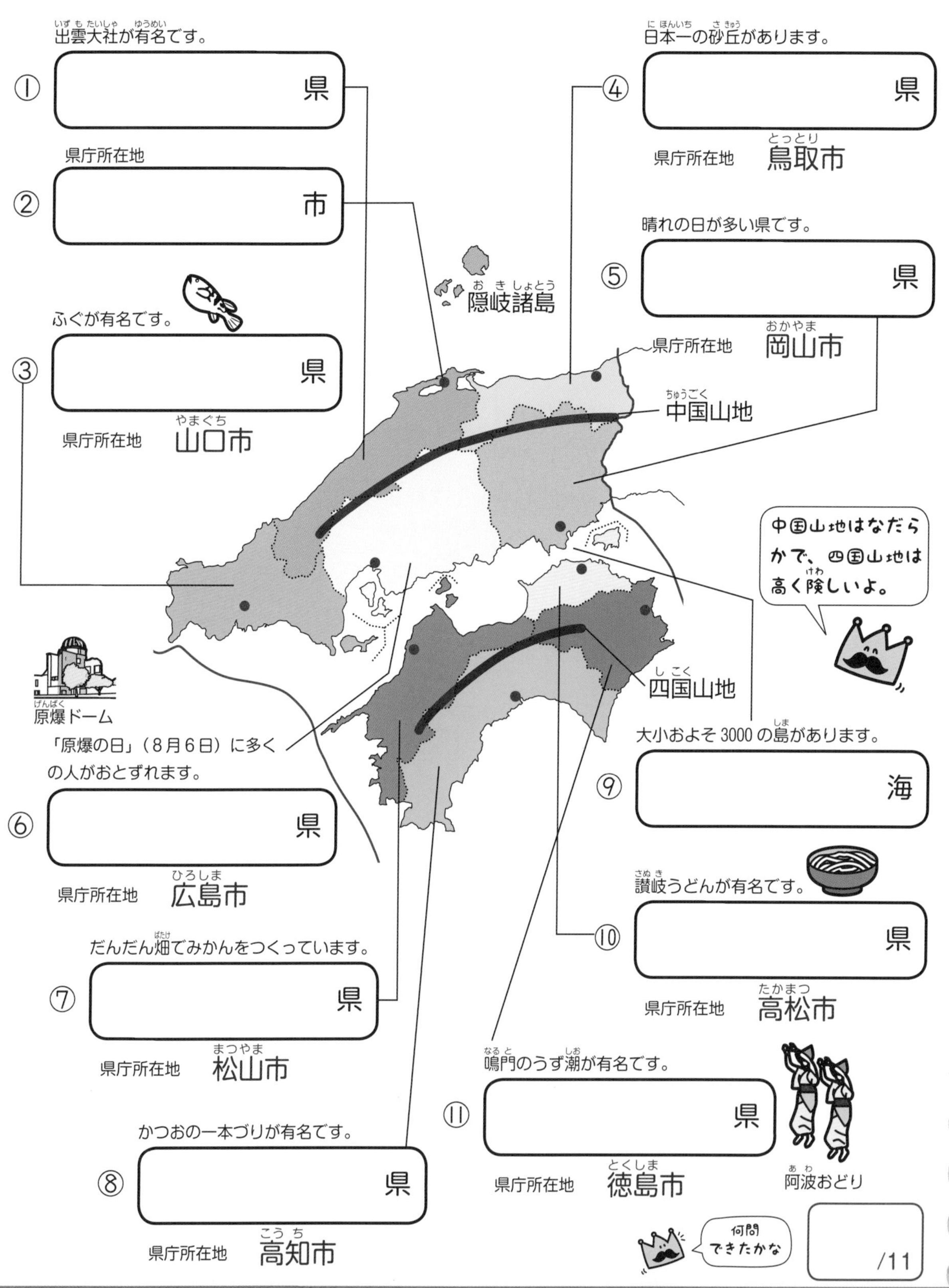

ヒント ⑨海沿岸の地域は一年を通して雨が少なく、温暖な気候が広がっているよ。

13 中国・四国地方②－産業

月　日	時　分～　時　分
名前	

✪中国・四国地方で生産量が多い野菜・くだもの・水産物（魚・貝など）にあてはまるシールを、下の地図の県にはりましょう。また、有名な神社・建物を見てみましょう。

＊赤字は生産量全国第１位（2020年）。

野菜・くだもの・水産物			
鳥取県	日本なし	広島県	かき
岡山県	ぶどう	徳島県	わかめ
愛媛県	みかん・真じゅ（2016年）		
高知県	ピーマン・なす・かつお		

＊青字は世界遺産（文化遺産）登録地。

神社・建物	
島根県	出雲大社
広島県	厳島神社・原爆ドーム

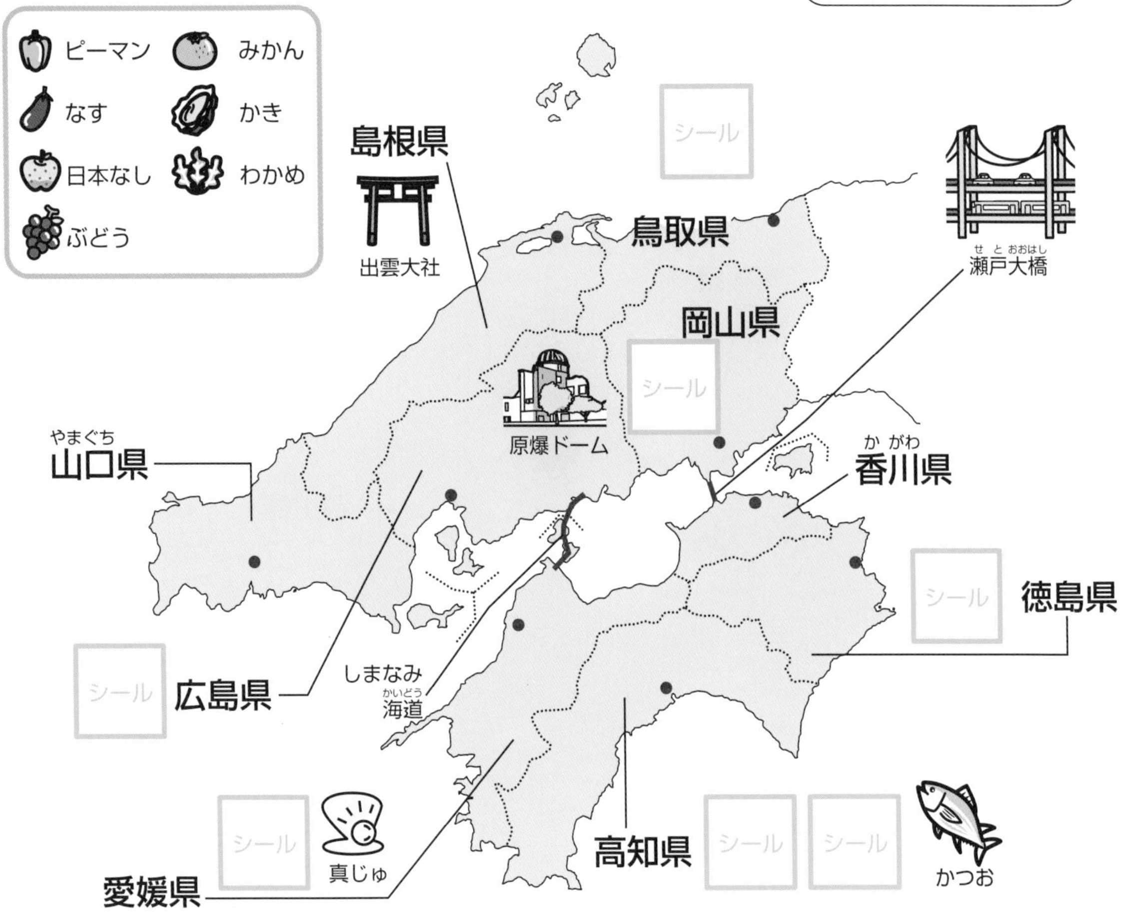

ピーマン　みかん
なす　かき
日本なし　わかめ
ぶどう

島根県
出雲大社
鳥取県
瀬戸大橋
岡山県
シール
シール
原爆ドーム
山口県
香川県
徳島県
シール
シール
広島県
しまなみ海道
シール
真じゅ
愛媛県
高知県
シール
シール
かつお

✪次の①～⑥の野菜・くだもの・水産物（魚・貝など）は、どこの県で生産量が多いですか。また、⑦の神社は、どこの県にありますか。下の図を見て、右の県名と——で結びましょう。

ピーマン　かつお
なす　真じゅ
日本なし　かき
みかん　わかめ
ぶどう

鳥取県
島根県
岡山県
広島県
山口県
香川県
徳島県
愛媛県
高知県

瀬戸大橋（岡山県－香川県）・しまなみ海道（広島県－愛媛県）が開通したことにより、人やものの移動がさかんになりました。

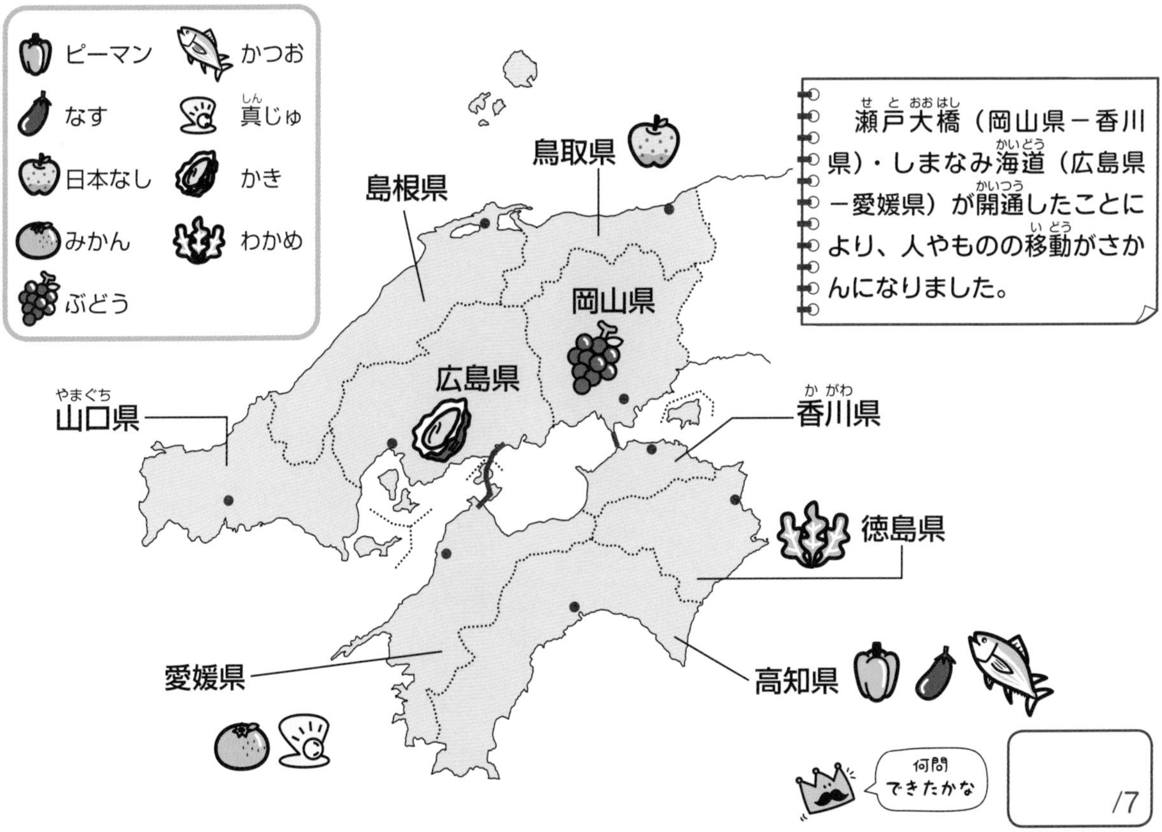

何問できたかな　/7

ヒント　おだやかな瀬戸内海では養しょく（養殖業）がさかんで、広島県のかき、愛媛県の真じゅが有名だよ。

14 九州(きゅうしゅう)地方①
ー県名(けんめい)・県庁所在地名(けんちょうしょざいちめい)・地形

月	日	時	分～	時	分
名前					

✪①～⑧の県名・県庁所在地名、⑨の島(しま)の名前を、それぞれなぞって覚(おぼ)えましょう。

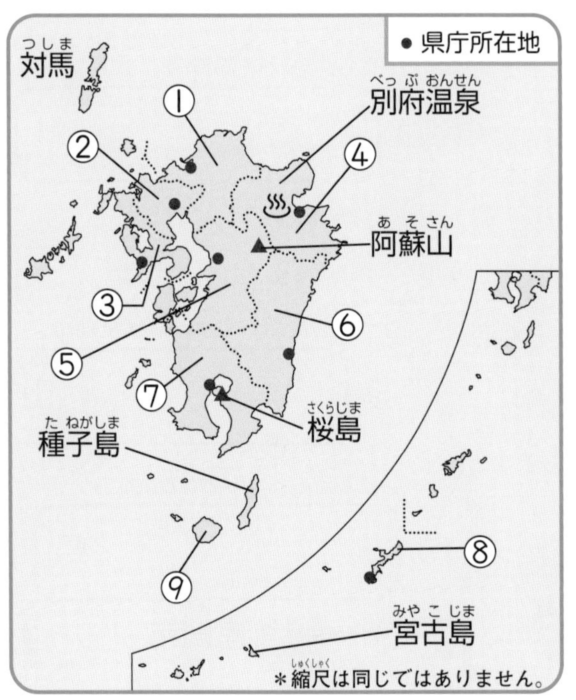

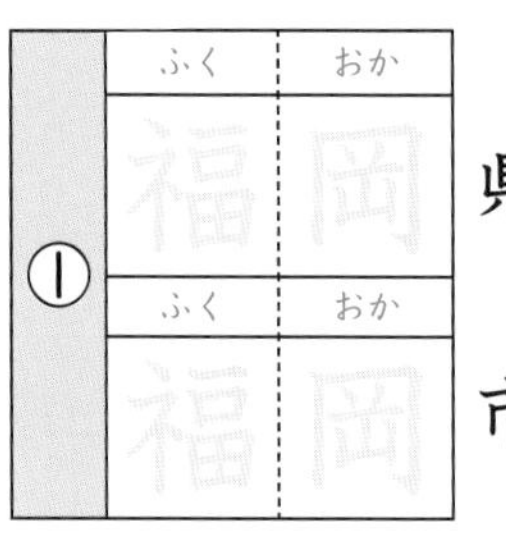

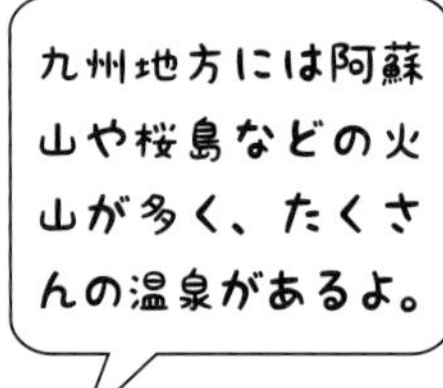

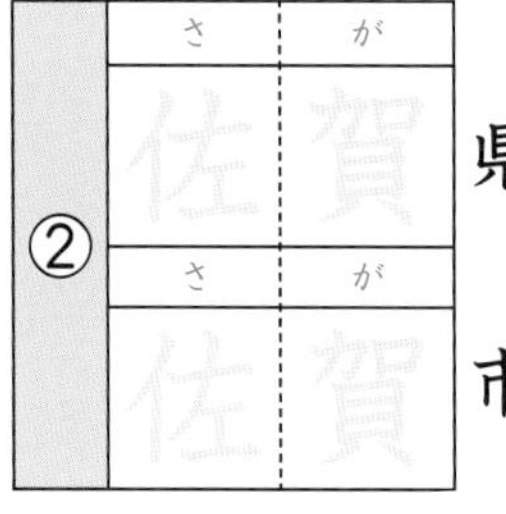

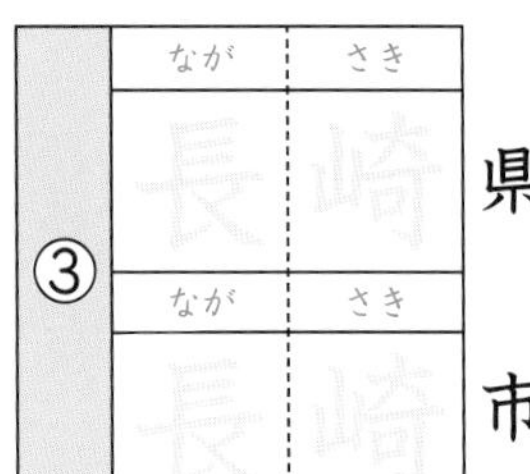

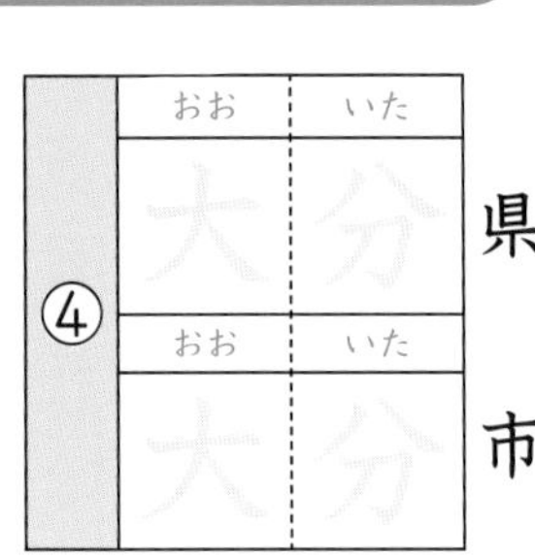

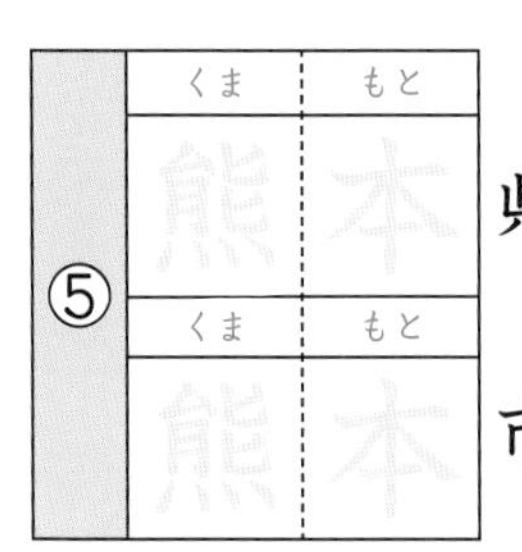

⑥ 宮崎(みやざき)県 / 宮崎(みやざき)市

⑦ 鹿児島(かごしま)県 / 鹿児島(かごしま)市

⑧ 沖縄(おきなわ)県 / 那覇(なは)市

⑨ 屋久島(やくしま)

✪次の①～⑪にあてはまる九州地方の県名・県庁所在地名、山・島の名前を書きましょう。

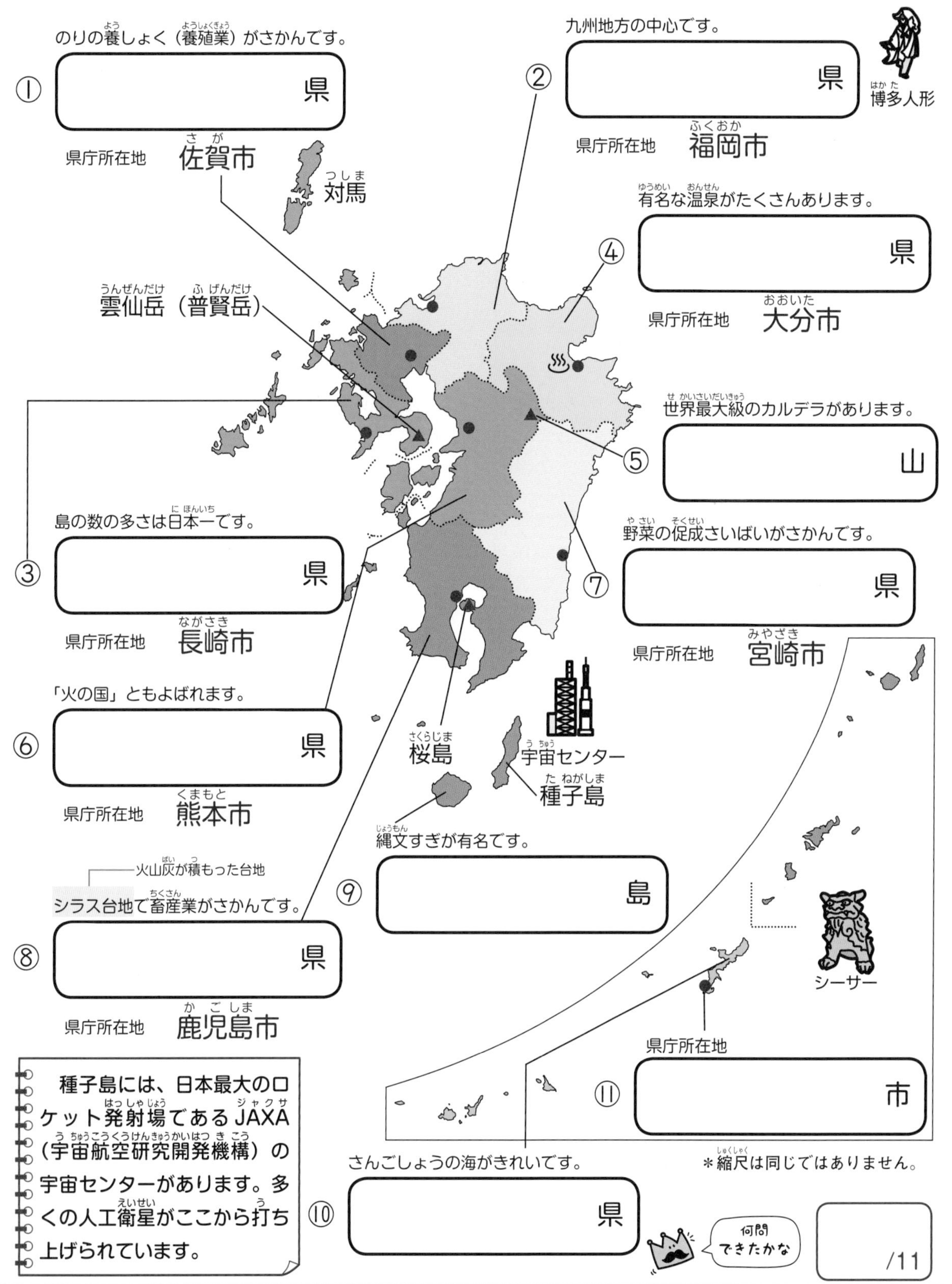

ヒント ⑨は、屋久すぎなどの豊かな自然が広がり、世界遺産（自然遺産）に登録されているよ。

15 九州地方②－産業

月	日	時	分～	時	分

名前

✪九州地方で生産量が多い野菜・くだもの・肉にあてはまるシールを、下の地図の県にはりましょう。

＊赤字は生産量全国第1位（2020年、肉は2021年）。

野菜・くだもの・肉・花・水産物			
福岡県	いちご	佐賀県	たまねぎ・のり
長崎県	じゃがいも	熊本県	なす・トマト・メロン
宮崎県	ピーマン・きゅうり・とり肉		
鹿児島県	茶・牛肉・ぶた肉・とり肉		
沖縄県	さとうきび・ゴーヤー・きく		

シラス台地は水もちが悪く農業にむかないから、畜産業がさかんになったんだ。

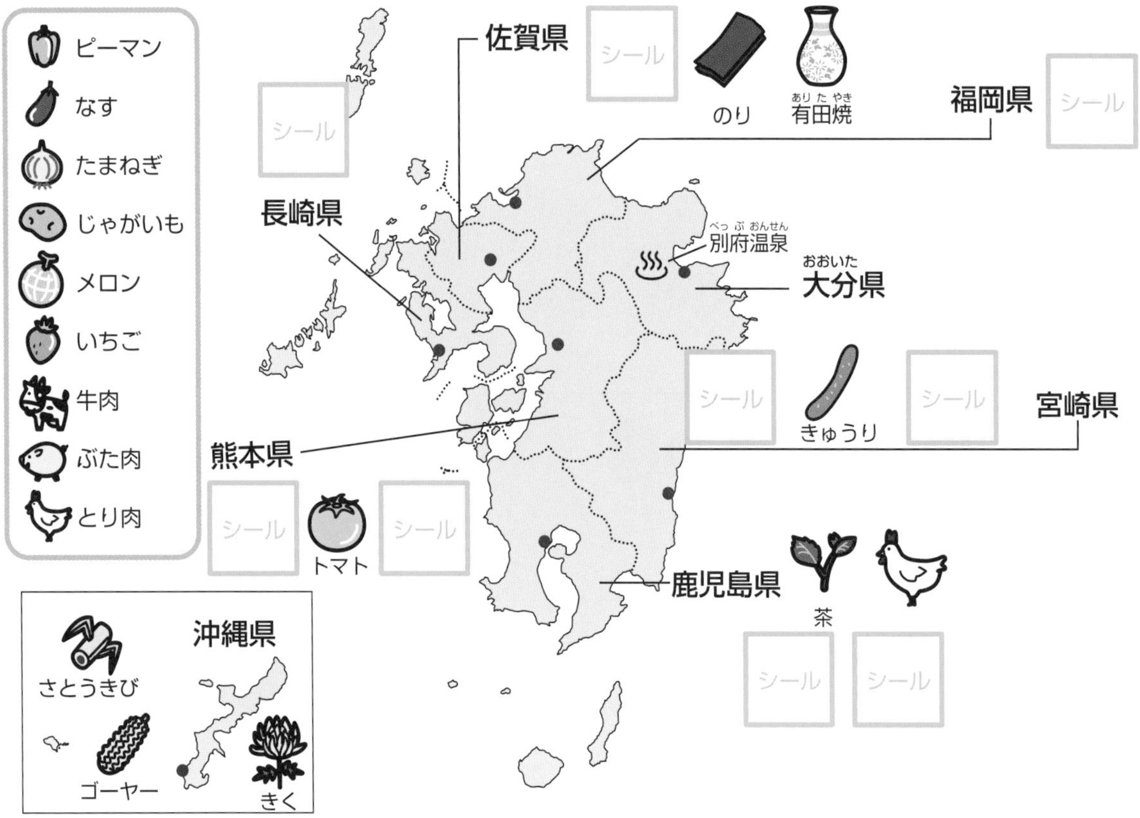

ピーマン
なす
たまねぎ
じゃがいも
メロン
いちご
牛肉
ぶた肉
とり肉

佐賀県　シール　のり　有田焼
福岡県　シール
長崎県　シール
別府温泉
大分県
宮崎県　シール　きゅうり　シール
熊本県　シール　トマト　シール
鹿児島県　茶　シール　シール

沖縄県
さとうきび
ゴーヤー
きく

✪次の①～⑦の野菜・くだもの・肉・水産物（のり）は、どこの県で生産量が多いですか。また、⑧の温泉は、どこの県にありますか。下の図を見て、右の県名と――で結びましょう。

＊とり肉は２つの県と結ばれます。

①じゃがいも	●	●	福岡県
②トマト	●	●	佐賀県
③いちご	●	●	長崎県
④さとうきび	●	●	大分県
⑤のり	●	●	熊本県
⑥ぶた肉	●	●	宮崎県
⑦とり肉	●	●	鹿児島県
⑧別府温泉	●	●	沖縄県

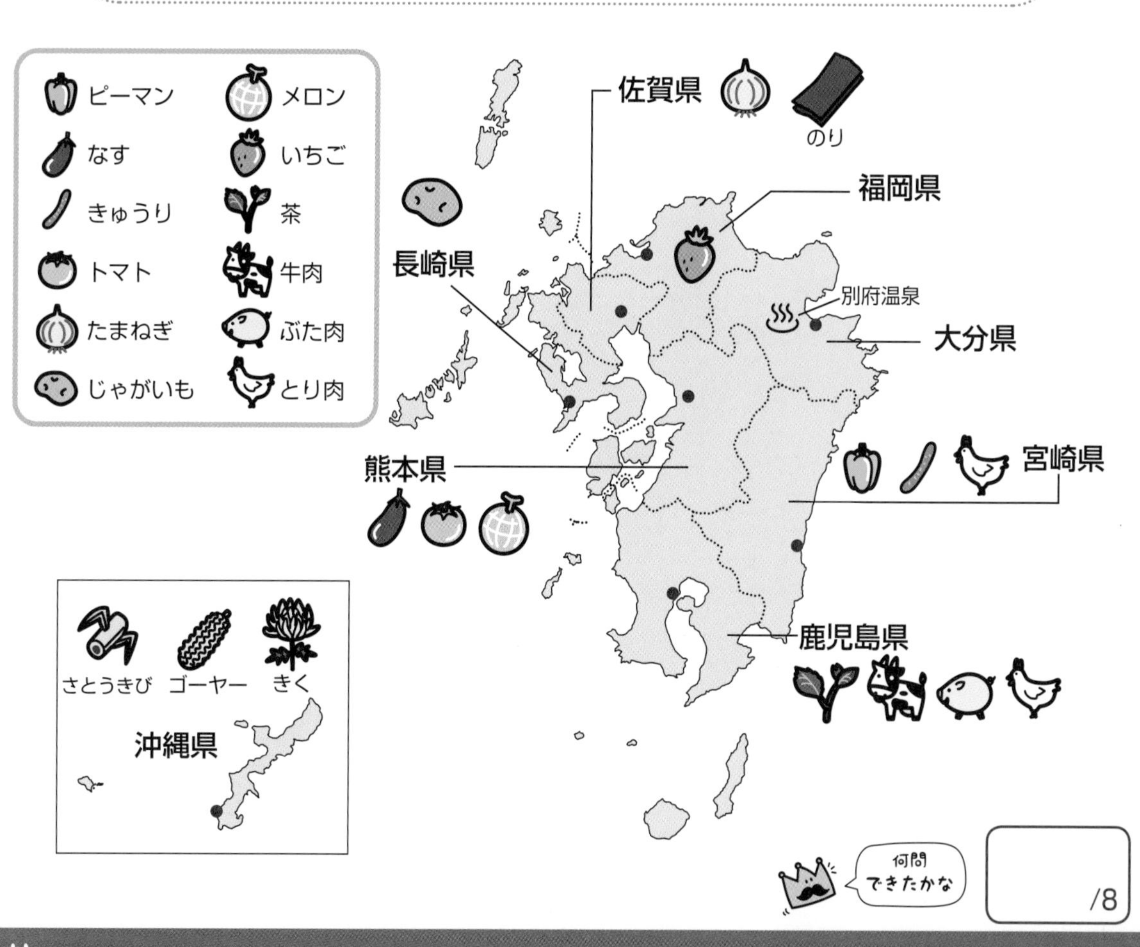

ヒント 沖縄県にはかつて琉球王国という国が栄え、今でも独特の文化が残っているよ。

16 まとめのテスト2

✪次の地図を見て、あとの問いに答えましょう。

（各４点）

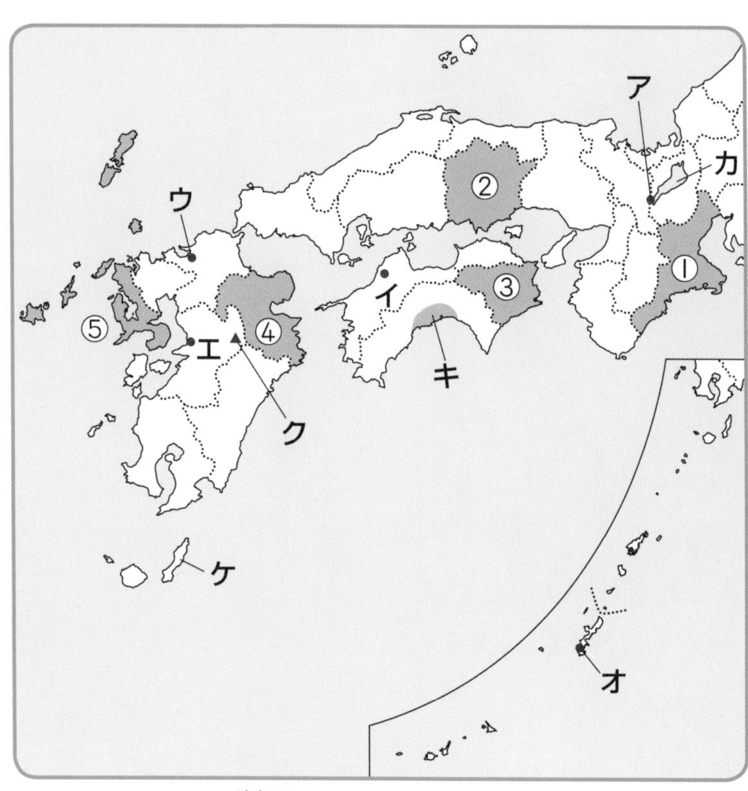

(1) ①～⑤の県名を書きましょう。

(2) 生活における結びつきによって地方を区分したとき、①の県はどの地域にふくまれますか。次から１つ選んで書きましょう。

瀬戸内　東海　北陸

(3) **ア～オ**の県庁所在地名を書きましょう。

(4) **カ～ケ**の湖・平野・山・島の名前を書きましょう。

(1)	①	
	②	
	③	
	④	
	⑤	
(2)		
(3)	ア	
	イ	
	ウ	
	エ	
	オ	
(4)	カ	
	キ	
	ク	
	ケ	

✪ 次の地図を見て、あとの問いに答えましょう。

（各４点）

(1)	①	
	②	
	③	
	④	
	⑤	
(2)	ア	
	イ	
	ウ	
	エ	
(3)	オ	

(1) ①～⑤の県で生産がさかんなものを、次から１つずつ選んで書きましょう。

なす　　みかん　　日本なし
かき　　とり肉

(2) **ア～エ**の府県と関係の深い建物・世界遺産を、次から１つずつ選んで書きましょう。

伊勢神宮　　金閣　　出雲大社　　屋久島

(3) **オ**の橋の名前を書きましょう。

ヒント 本州と四国を結ぶ、オの橋・明石海峡大橋・しまなみ海道の３つの橋を本州四国連絡橋とよぶよ。

17 チャレンジドリル 都道府県クイズ１

月　日　時　分～　時　分
名前

✪次の①～⑥のグループには、ちがう地方の府県が１つずつあります。見つけて ◯ で囲み、正しい地方に向かって ──→ をつけましょう。

① 北海道・東北地方

青森県　岩手県　宮城県　山梨県　秋田県　福島県

② 関東地方

神奈川県　群馬県　新潟県　茨城県　千葉県　埼玉県

「山」のつく県はほかに何があるかな？

③ 中部地方

愛媛県　静岡県　福井県　長野県　富山県　岐阜県

④ 近畿地方

和歌山県　京都府　奈良県　滋賀県　大分県　三重県

⑤ 中国・四国地方

岡山県　兵庫県　徳島県　鳥取県　島根県　香川県

⑥ 九州地方

鹿児島県　高知県　宮崎県　福岡県　沖縄県　佐賀県

/6

✪次の指示の都府県を選んで、下の迷路をゴールまで進みましょう。

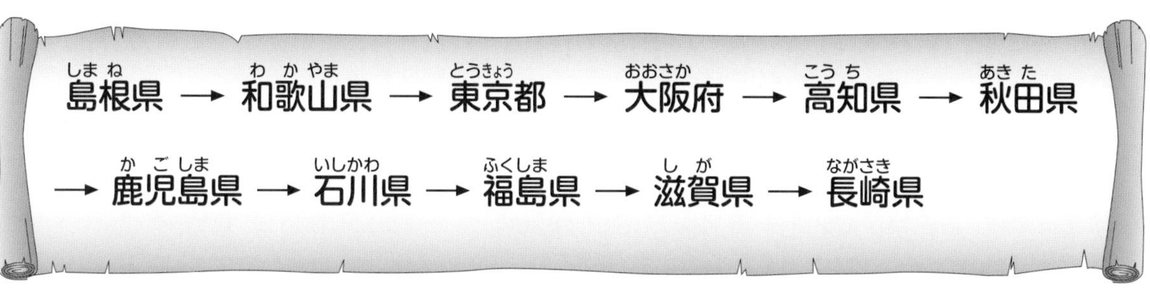

スタート	ワン! 犬の形に似ている			
		日本の首都がある		自動車の生産がさかん
8つの県ととなり合っている				りんごの生産がさかん
日本で一番西にある	日本一の湖がある		日本海につきでている	
ゴール	島の数が一番多い		茶の生産がさかん	面積が一番大きい！

＊都道府県の地図の縮尺や方位は同じではありません。小さな島や飛び地は省略しています。

ヒント 形が似た県に注意しよう。

18 都道府県名と都道府県庁所在地名が異なるところ

月	日	時	分～	時	分

名前

✪次の①～⑦は都道府県名と都道府県庁所在地名が異なる市です。それぞれなぞって覚えましょう。また、下の□に書いてみましょう。

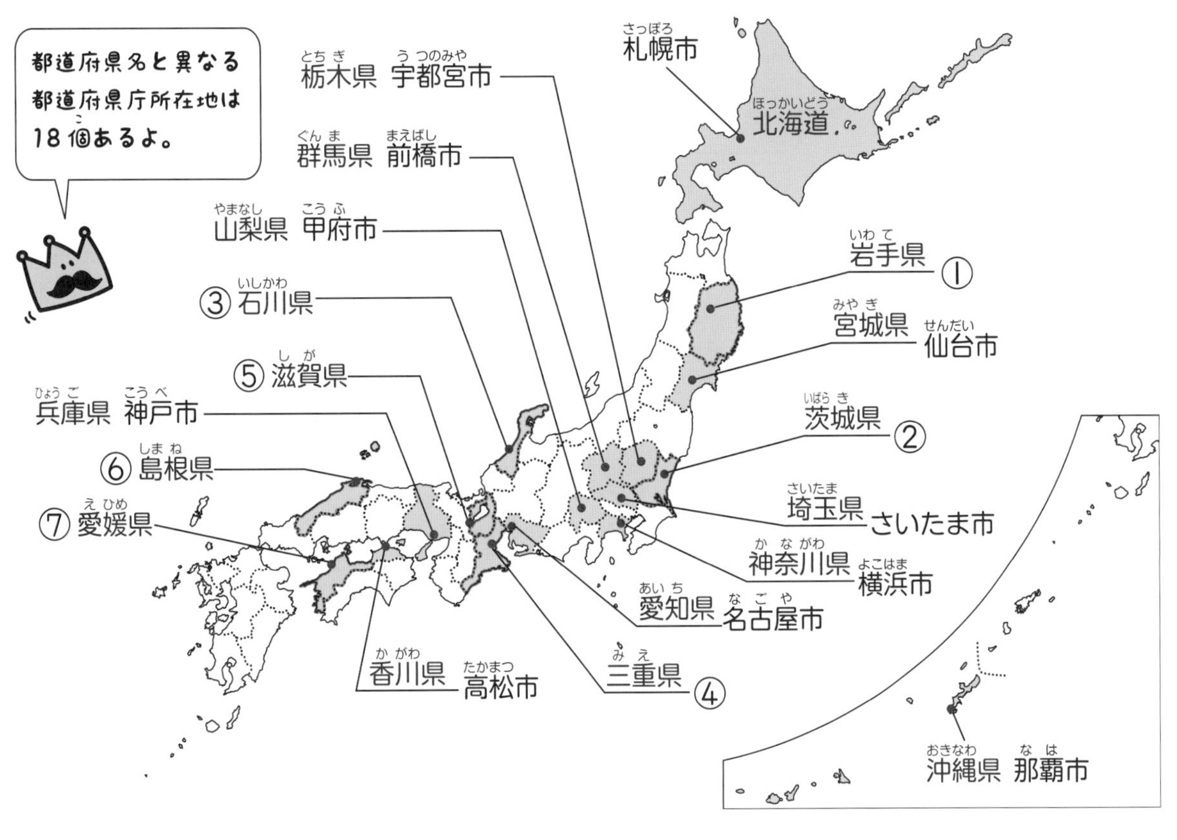

① もり おか 盛岡 市 / 市

② み と 水戸 市 / 市

③ かな ざわ 金沢 市 / 市

④ つ 津 市 / 市

⑤ おお つ 大津 市 / 市

⑥ まつ え 松江 市 / 市

⑦ まつ やま 松山 市 / 市

✪次の①～⑨にあてはまる都道府県庁所在地名を書きましょう。また、都道府県名と異なる都道府県庁所在地は、全部でいくつありますか。

全部で [　　]

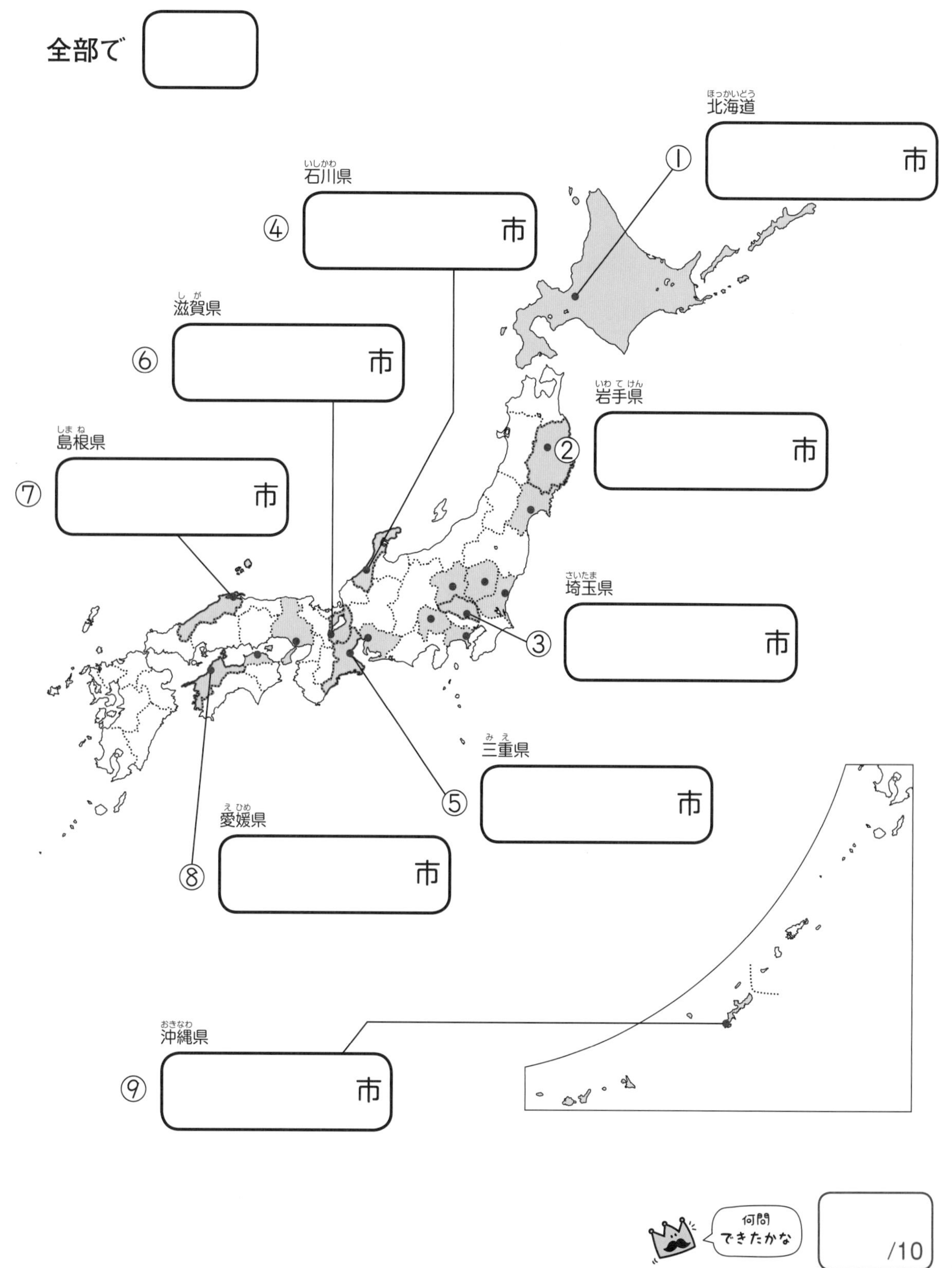

何問できたかな　/10

ヒント 東京都の都庁所在地は「東京」。でも、細かくいうと都庁は「新宿区」にあるよ。

19 海なし県

月	日	時	分〜	時	分

名前

次の①〜⑥の県は、海のない県です。名前をなぞって覚えましょう。また、下の□に書いてみましょう。

① 栃木（とちぎ）県

② 群馬（ぐんま）県

③ 長野（ながの）県

④ 岐阜（ぎふ）県

⑤ 滋賀（しが）県

⑥ 奈良（なら）県

埼玉県

山梨県

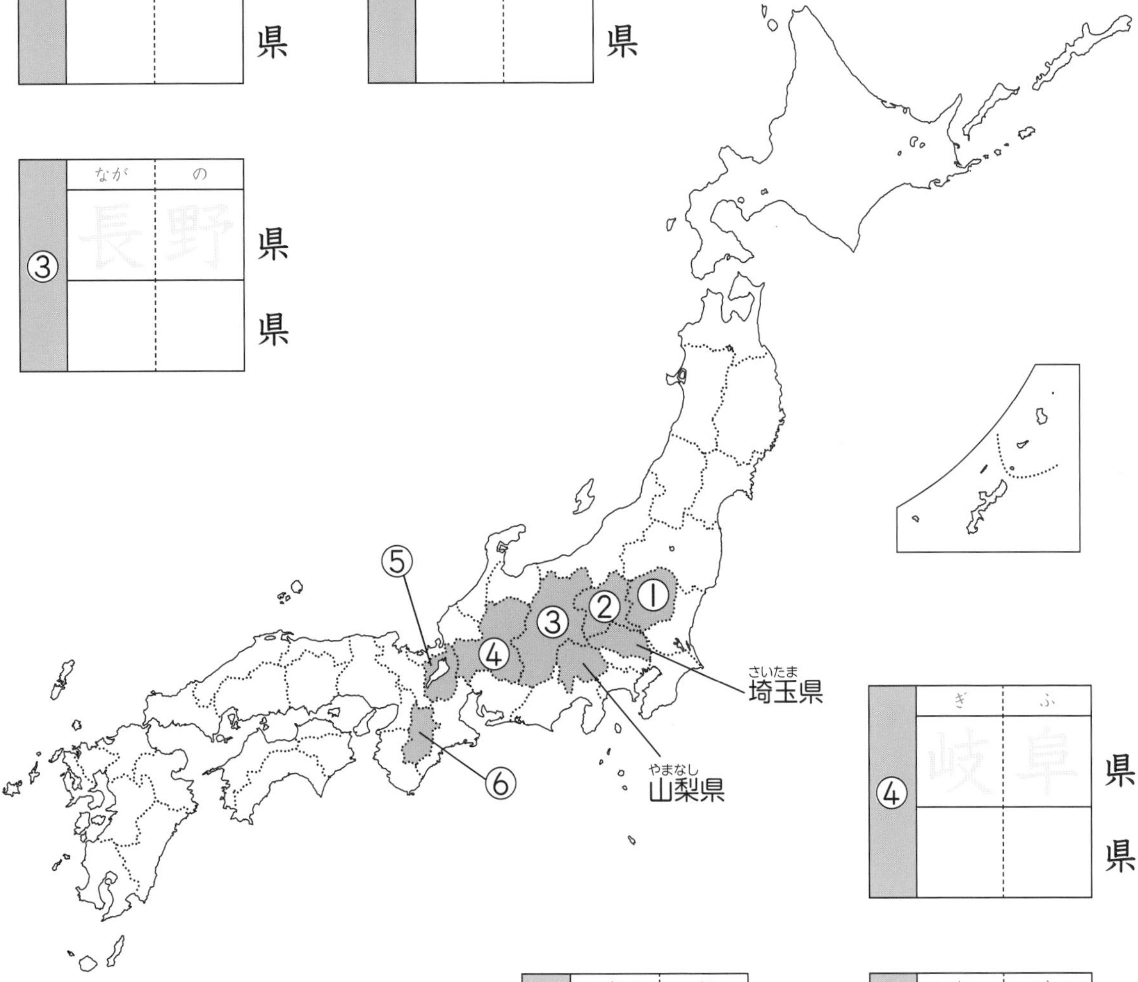

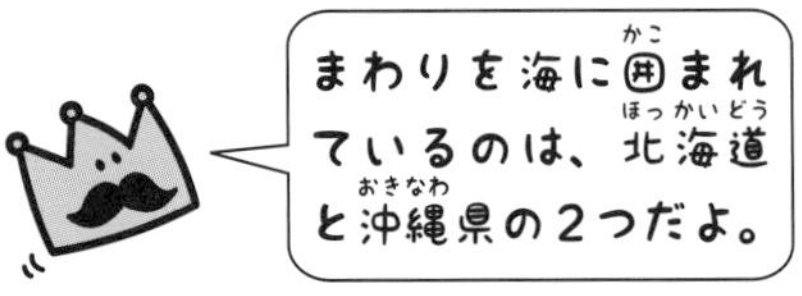

まわりを海に囲まれているのは、北海道と沖縄県の2つだよ。

✪次の①〜⑧にあてはまる海なし県の名前を書き、それぞれ好きな色をぬりましょう。

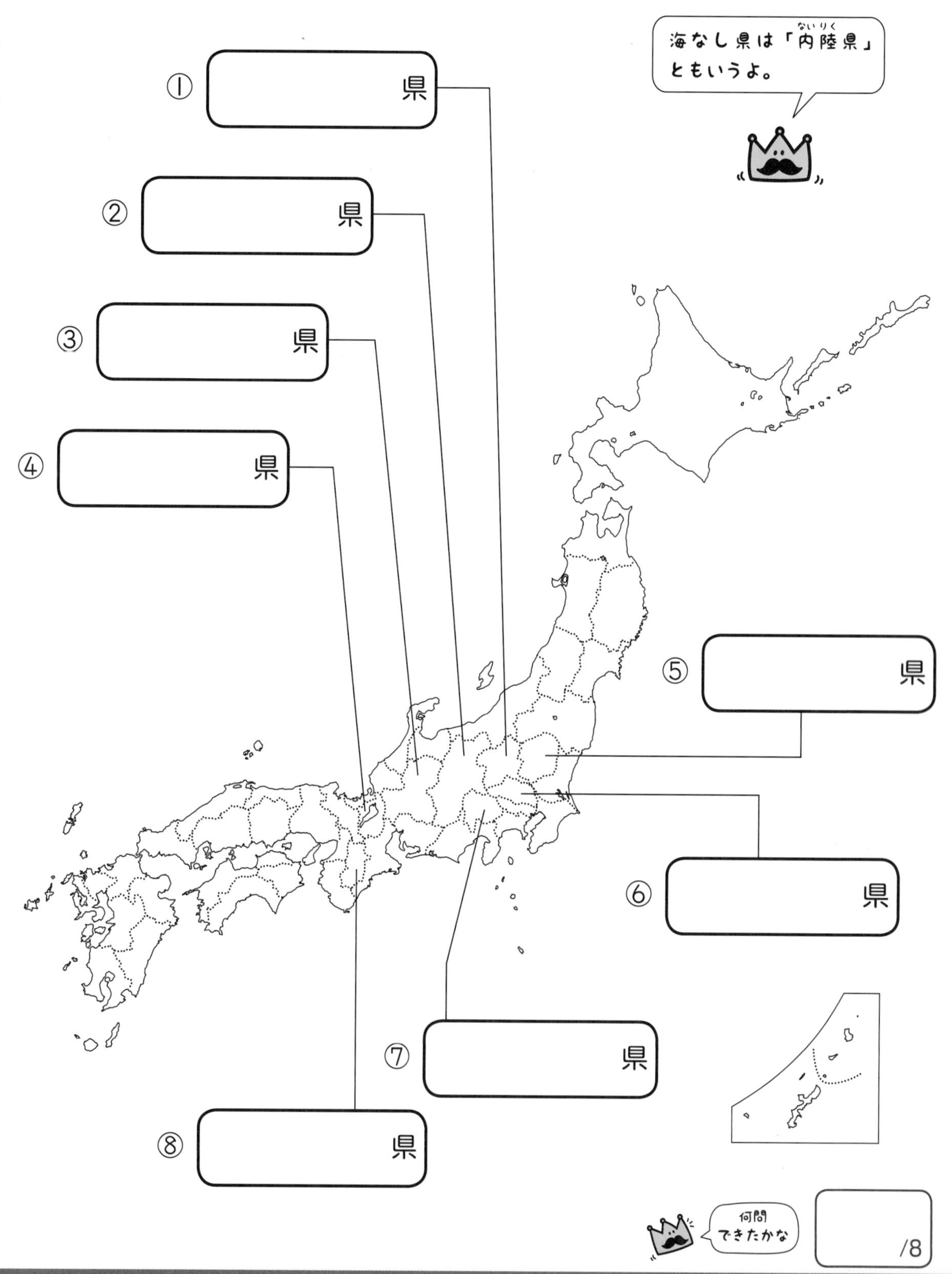

ヒント 海なし県は関東地方・中部地方・近畿地方にあるよ。

20 共通漢字県（山・川・島）

月	日	時	分～	時	分

名前

✪次の①～⑥の県は、県名に「山」「川」「島」という漢字のつく県です。名前をなぞって覚えましょう。また、下の□に書いてみましょう。

① 山形（やまがた）県　県

② 福島（ふくしま）県　県

③ 神奈川（かながわ）県　県

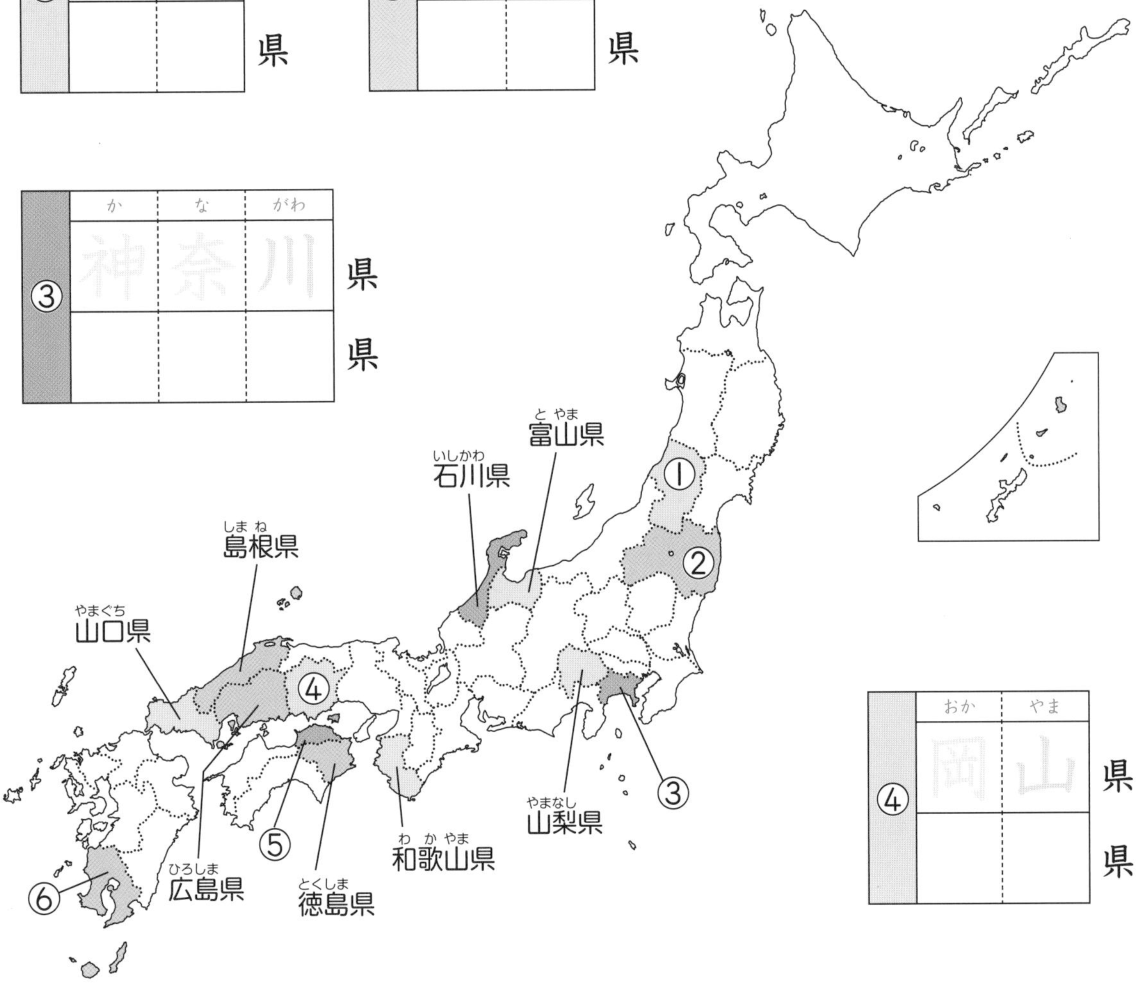

④ 岡山（おかやま）県　県

⑤ 香川（かがわ）県　県

⑥ 鹿児島（かごしま）県　県

✪次の①～⑥にあてはまる都道府県名を書きましょう。また、県名に「山」「川」「島」という漢字のつく県は、それぞれいくつありますか。

「山」のつく県　　　つ

「川」のつく県　　　つ

「島」のつく県　　　つ

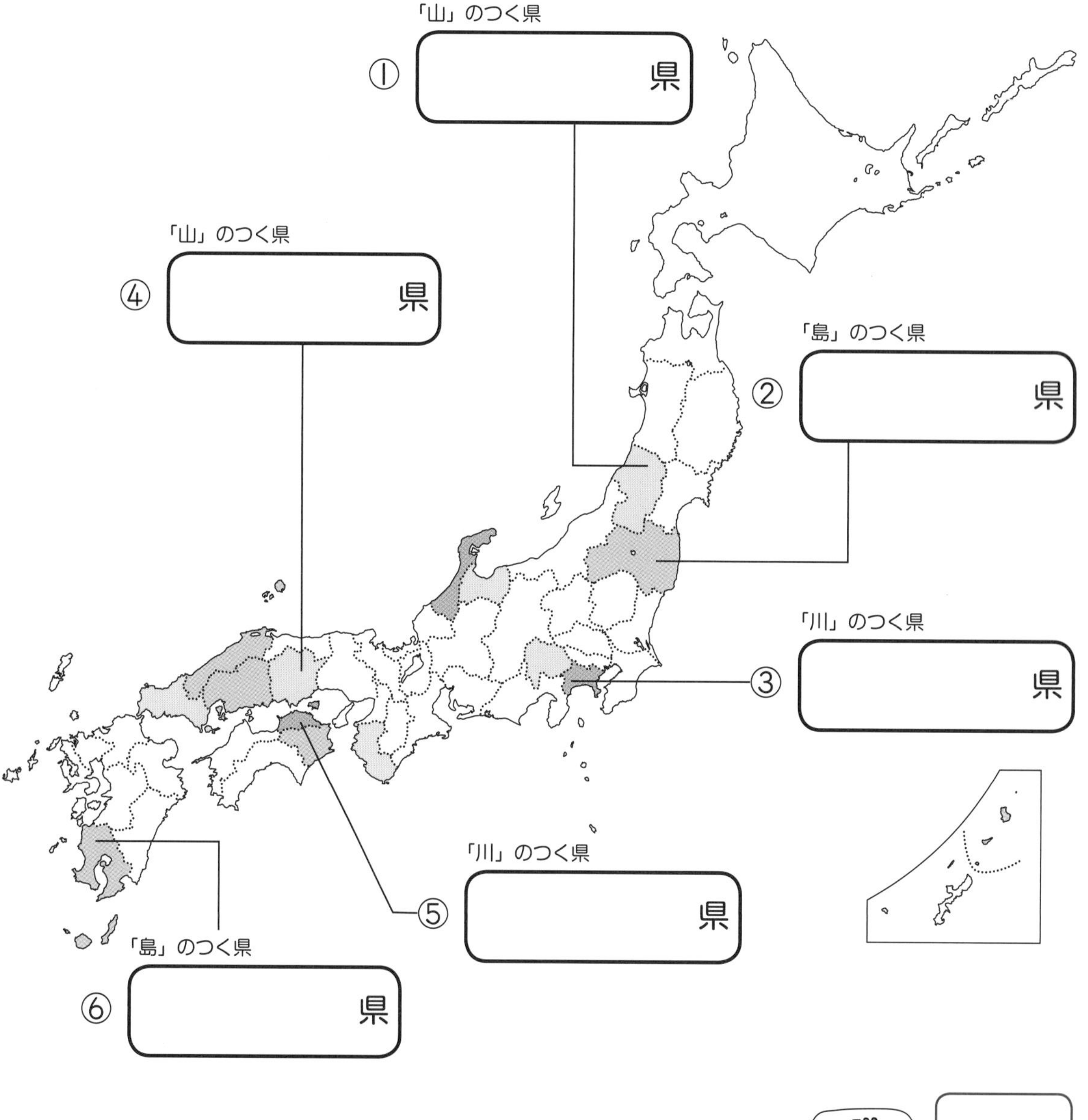

何問できたかな　/9

ヒント「山」のつく県は■、「川」のつく県は■、「島」のつく県は■で示されているよ。

21 面積の大きい・小さい都道府県

月	日	時	分〜	時	分

名前

★47都道府県のうち、面積の大きい都道府県、面積の小さい都道府県の名前をなぞって覚えましょう。また、下の□に書いてみましょう。(2020年現在)

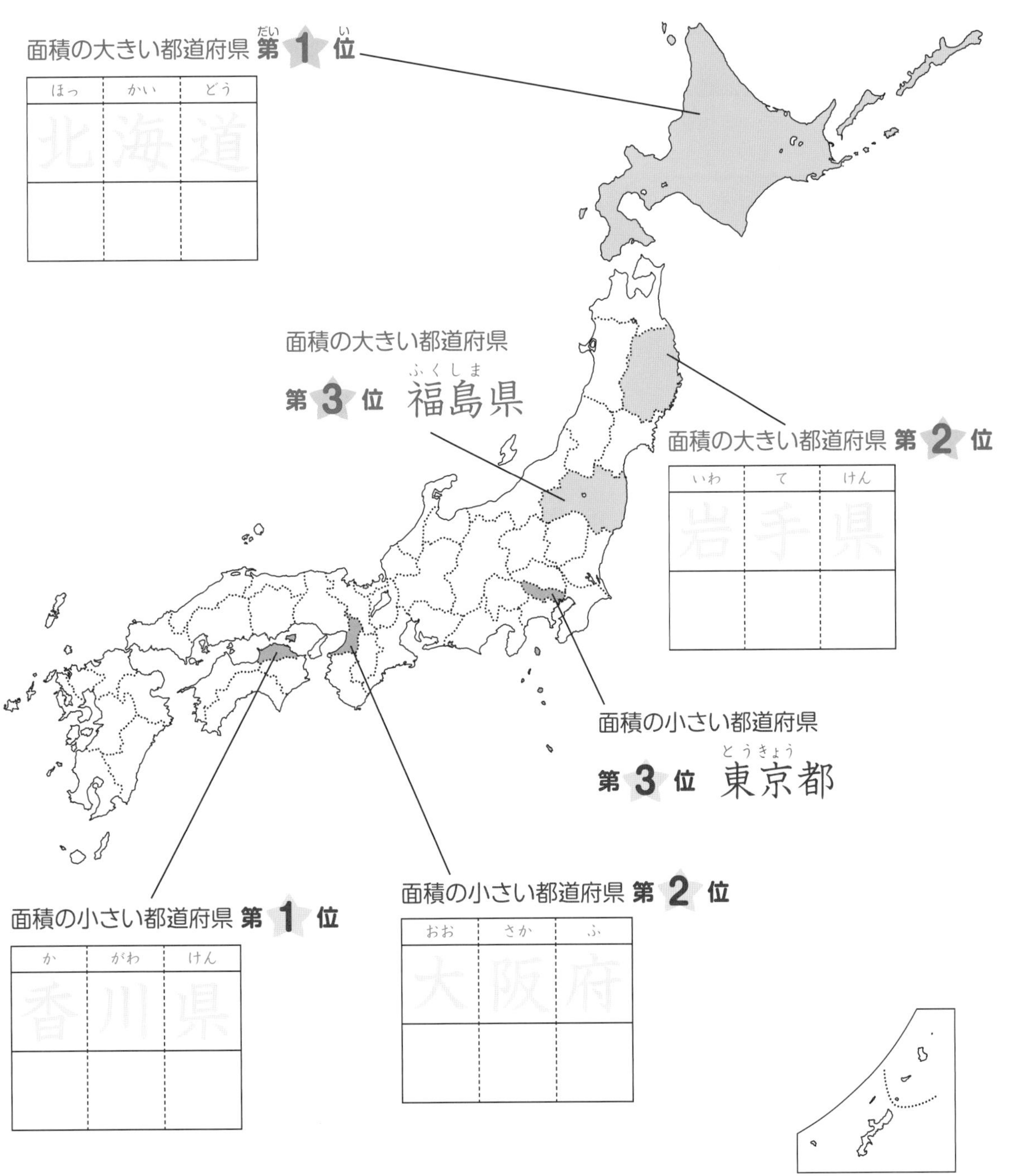

✪次の□にあてはまる都道府県名を書きましょう。また、面積の大きい都道府県には青色、面積の小さい都道府県には赤色をぬりましょう。

（2020年現在）

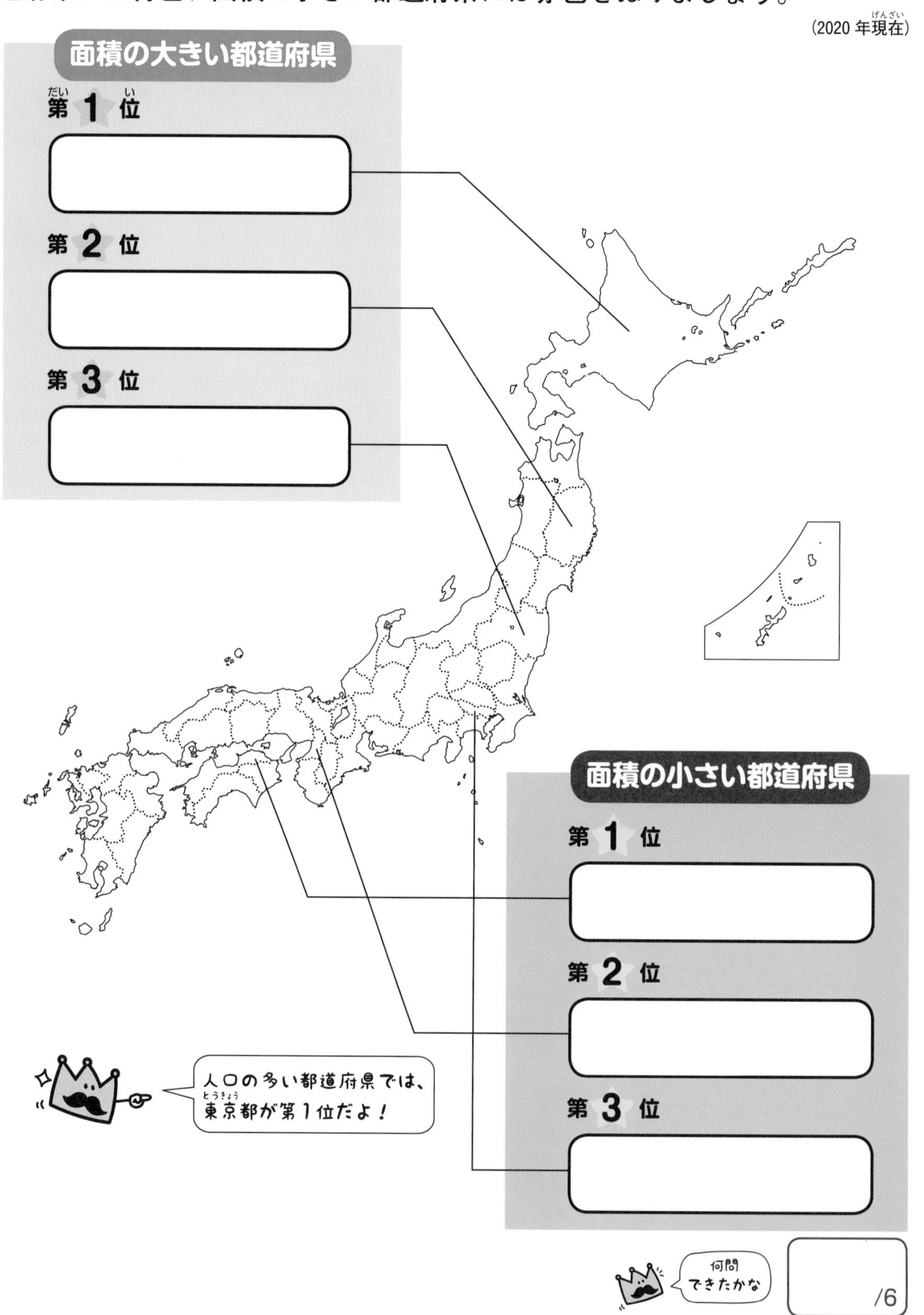

何問できたかな　/6

ヒント　面積の大きい都道府県は東に多く、小さい都道府県は西に多いね。

月 日	時 分～ 時 分
名前	/100

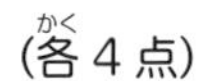

★次の地図を見て、あとの問いに答えましょう。

(各４点)

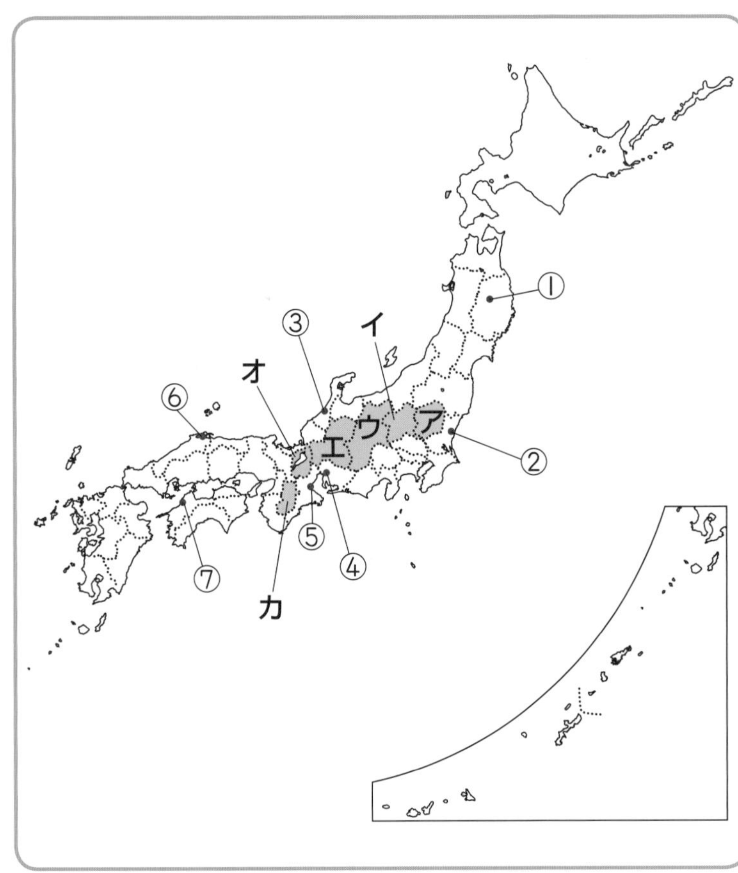

(1) ①～⑦の県庁所在地名を書きましょう。

(2) **ア～カ**は海なし県です。**ア～カ**の都道府県名を書きましょう。

(1)	①	
	②	
	③	
	④	
	⑤	
	⑥	
	⑦	
(2)	**ア**	
	イ	
	ウ	
	エ	
	オ	
	カ	

✪ 次の地図を見て、あとの問いに答えましょう。

((1)～(3)…各4点、(4)・(5)…各8点)

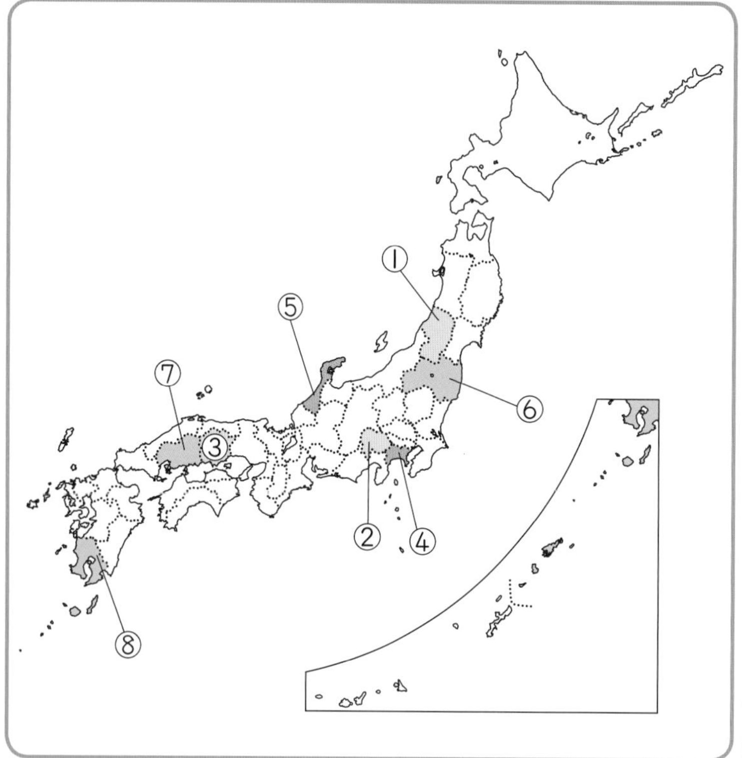

(1)	①	
	②	
	③	
(2)	④	
	⑤	
(3)	⑥	
	⑦	
	⑧	
(4)		
(5)		

(1) ①～③は「山」という漢字のつく県です。①～③の都道府県名を書きましょう。

(2) ④・⑤は「川」という漢字のつく県です。④・⑤の都道府県名を書きましょう。

(3) ⑥～⑧は「島」という漢字のつく県です。⑥～⑧の都道府県名を書きましょう。

(4) 面積が一番大きい都道府県名を書きましょう。

(5) 面積が一番小さい都道府県名を書きましょう。

ヒント 面積が一番小さい都道府県は中国・四国地方にあるよ。

23 日本の気候

月　日　時　分～　時　分

名前

✪次の日本の気候・海流の名前をなぞって覚えましょう。

日本は、国土が南北に長く、海流（海水の流れ）や季節風（季節によってふく方向が変わる風）のえいきょうで、6つの気候に分けることができます。

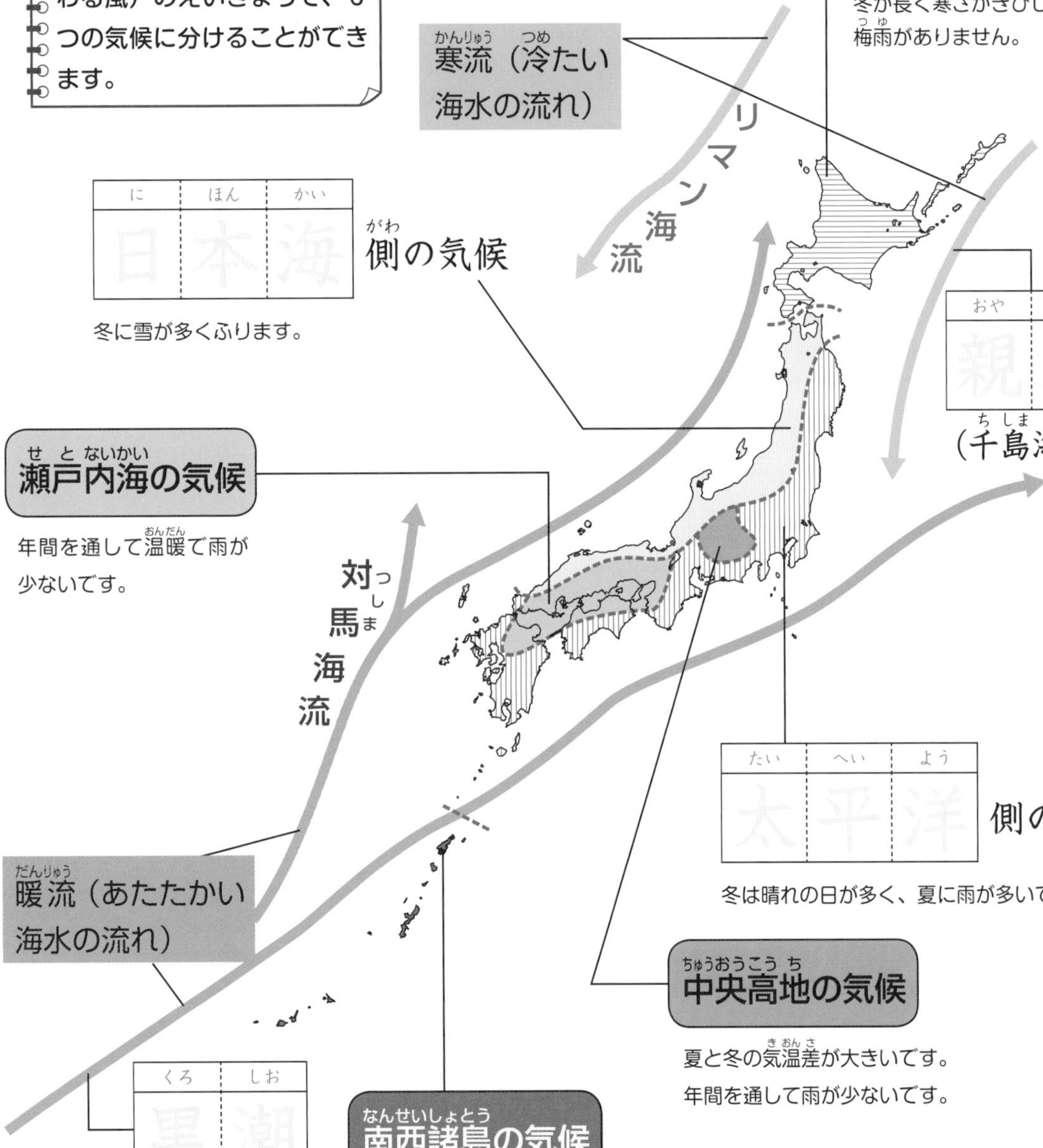

北海道の気候

冬が長く寒さがきびしいです。梅雨がありません。

寒流（冷たい海水の流れ）

リマン海流

日本海側の気候

冬に雪が多くふります。

親潮（千島海流）

瀬戸内海の気候

年間を通して温暖で雨が少ないです。

対馬海流

太平洋側の気候

冬は晴れの日が多く、夏に雨が多いです。

暖流（あたたかい海水の流れ）

中央高地の気候

夏と冬の気温差が大きいです。年間を通して雨が少ないです。

黒潮（日本海流）

南西諸島の気候

冬でもあたたかいです。

✪次の①～⑧にあてはまる日本の気候・海流の名前を書きましょう。また、寒流（冷たい海水の流れ）には青色を、暖流（あたたかい海水の流れ）には赤色をぬりましょう。

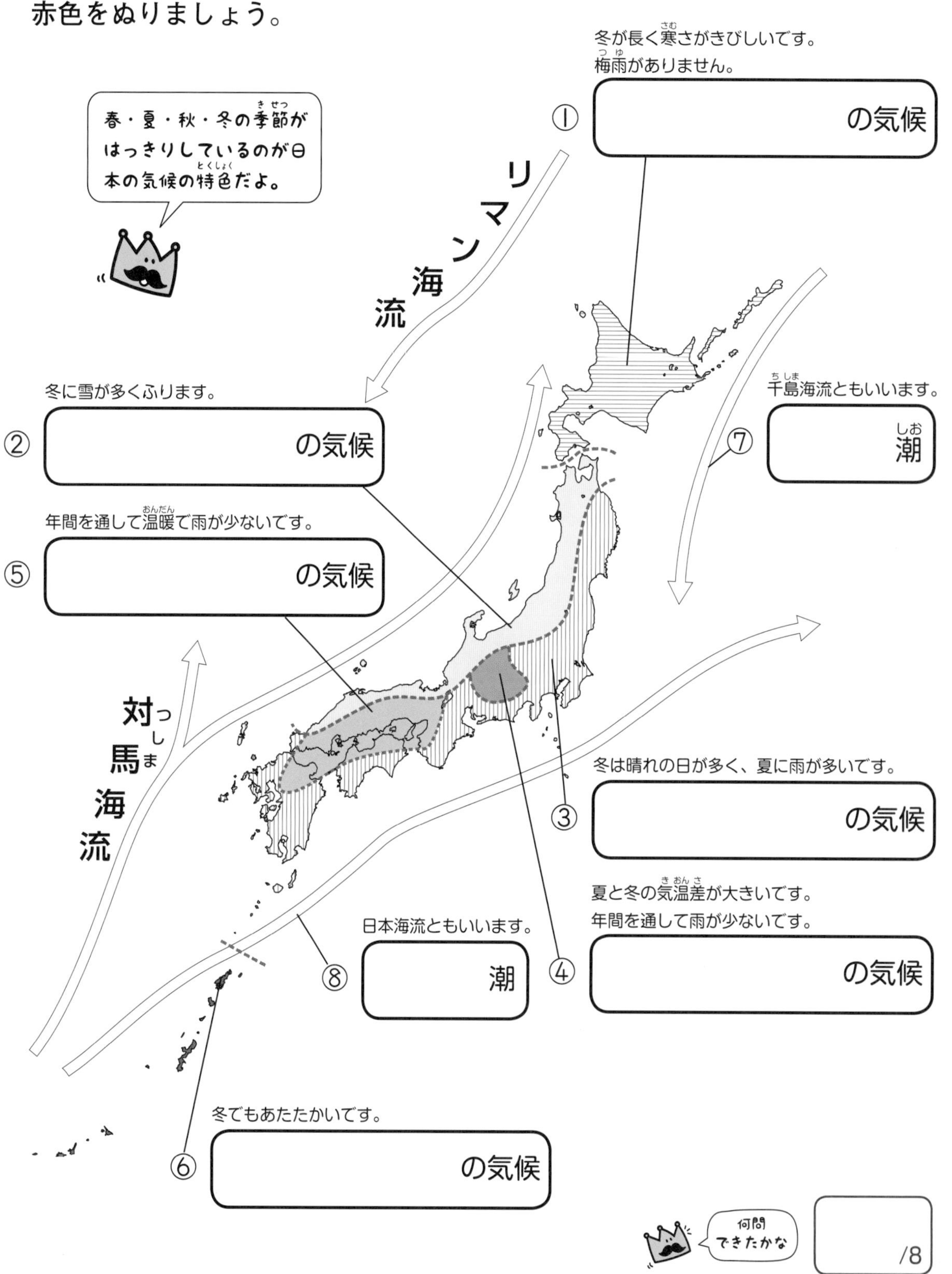

ヒント 季節風のえいきょうによって、太平洋側では夏に雨が多く、日本海側では冬に雪が多くふるよ。

24 日本の地形①－山脈・山地

月　日　時　分～　時　分

名前

次の山脈・山地の名前をなぞって覚えましょう。

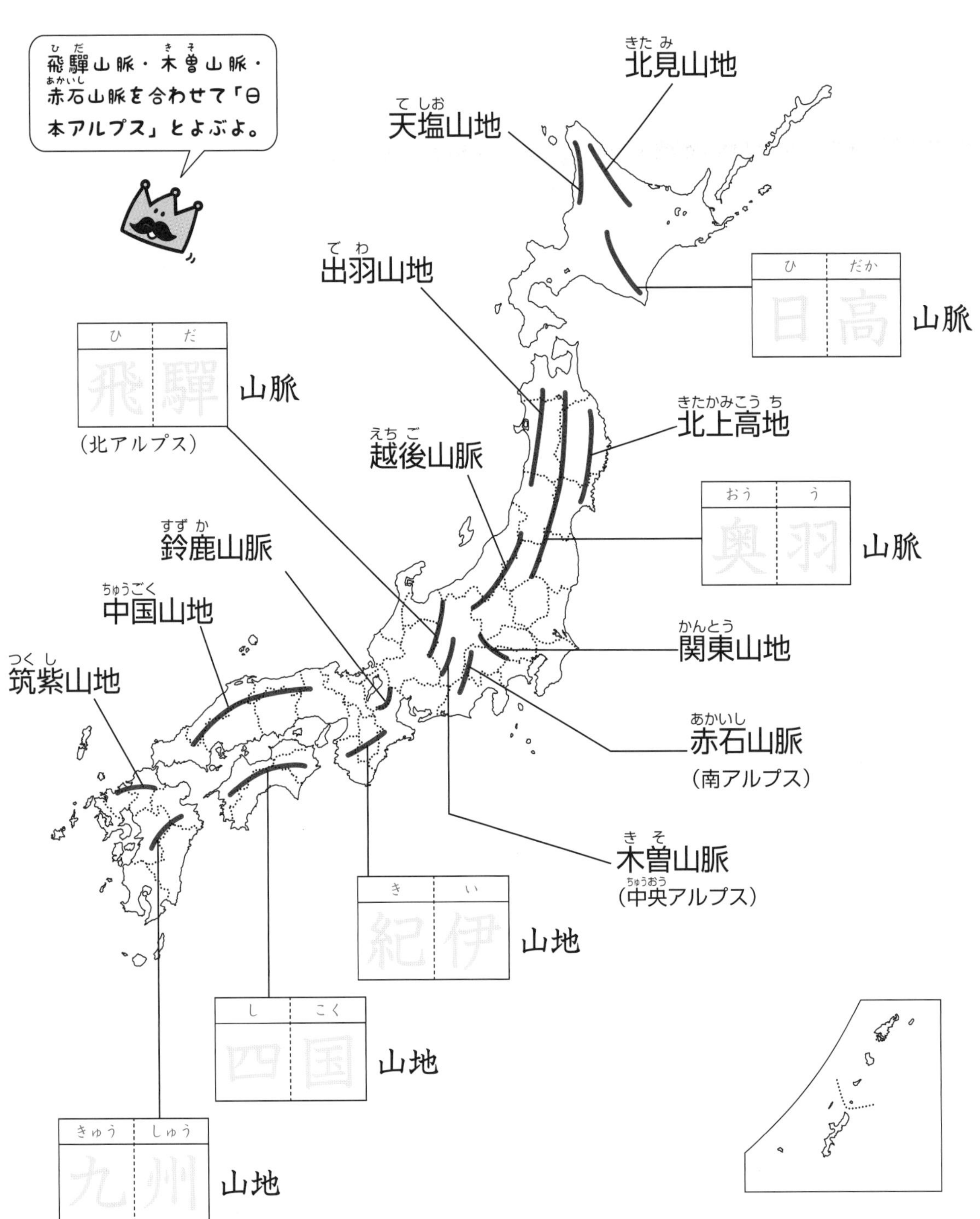

✪次の①～⑧にあてはまる主な山脈・山地の名前を書きましょう。

山地とは、まとまっている高い山々、山脈とは、山の頂上が続いている山地のことをいいます。

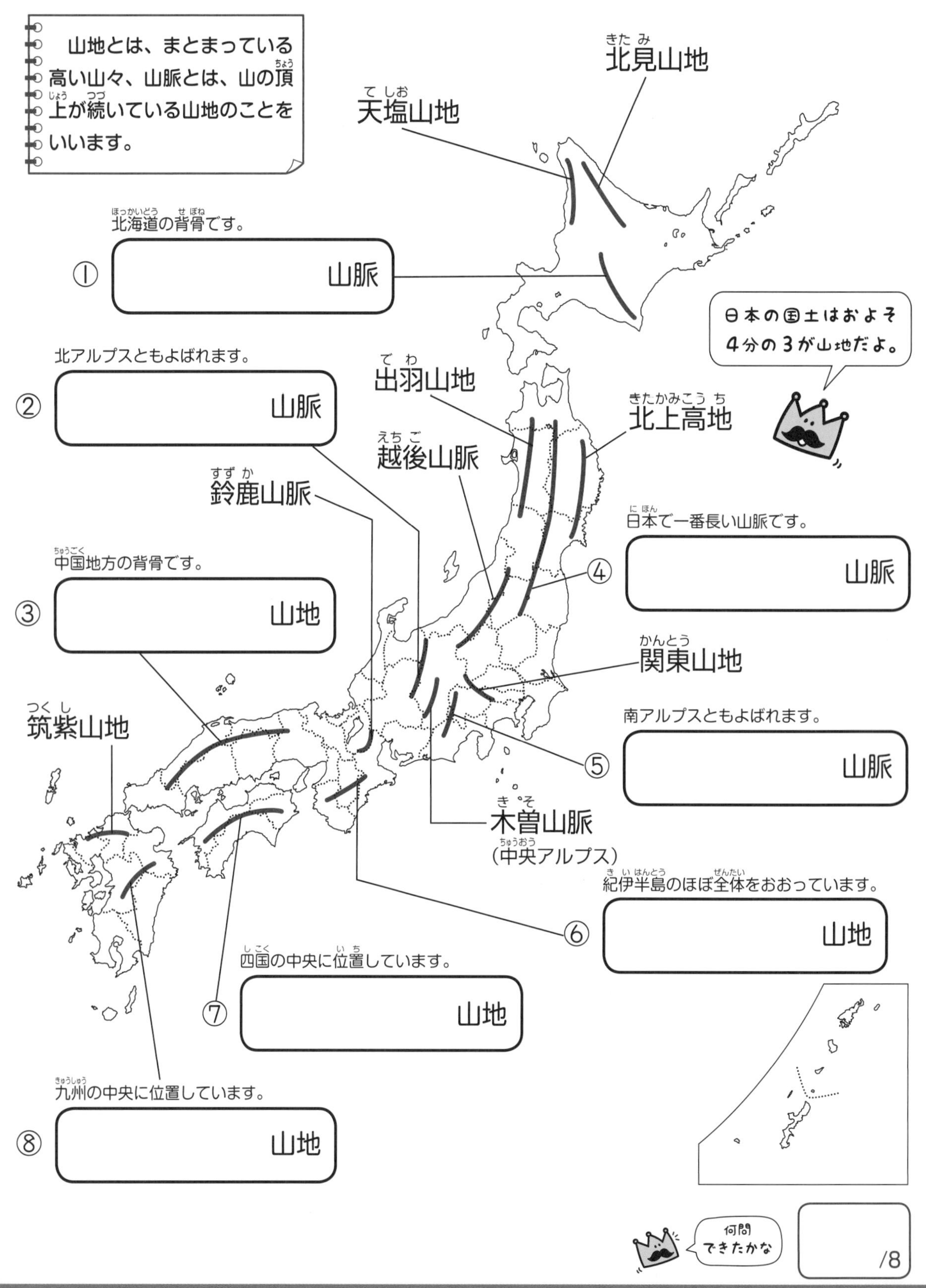

ヒント ③⑦⑧の山地の名前には地方名がついているよ。

25 日本の地形②－盆地・平野

月	日	時	分～	時	分
名前					

✪次の盆地・平野の名前をなぞって覚えましょう。

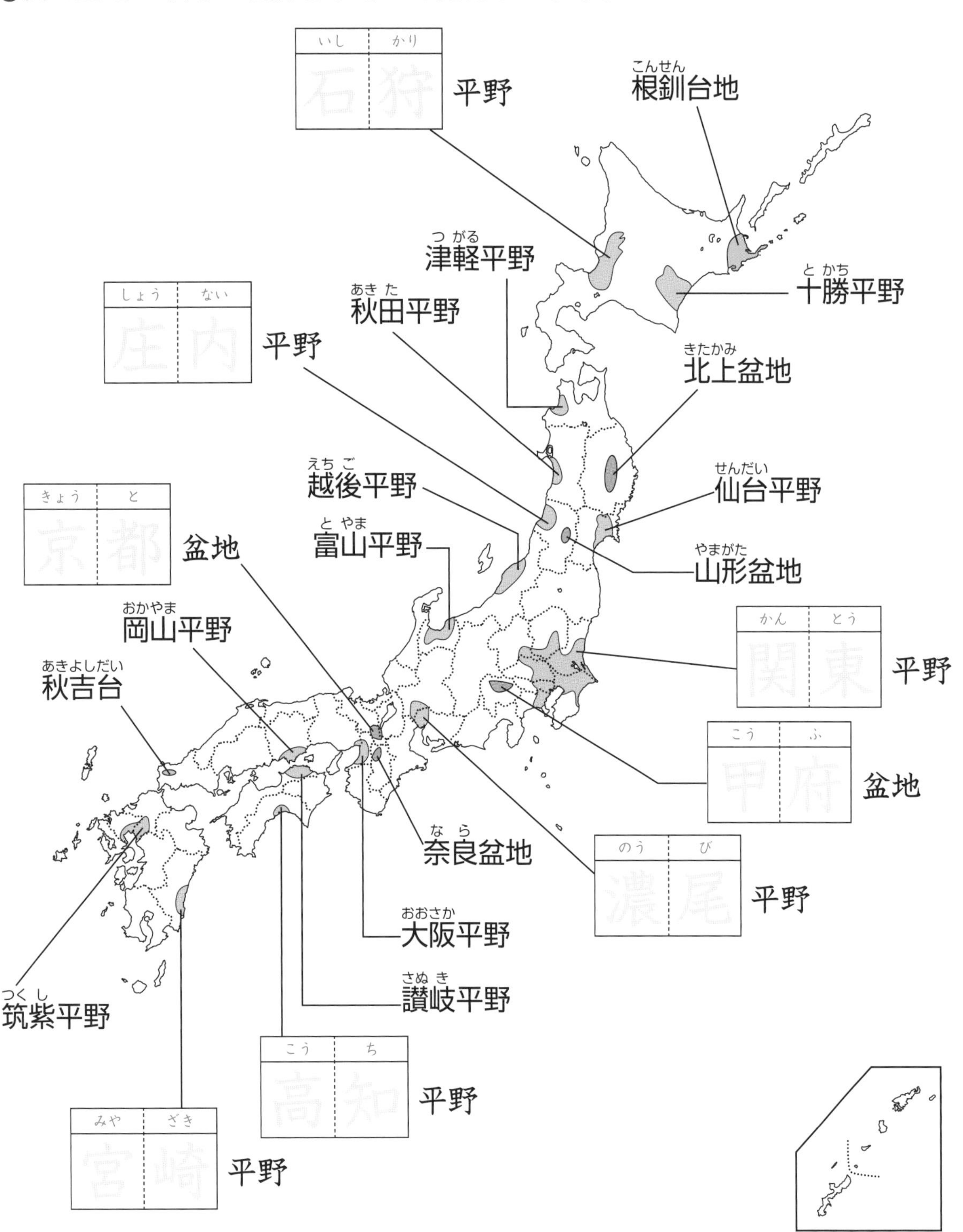

✪次の①～⑧にあてはまる主な盆地・平野の名前を書きましょう。

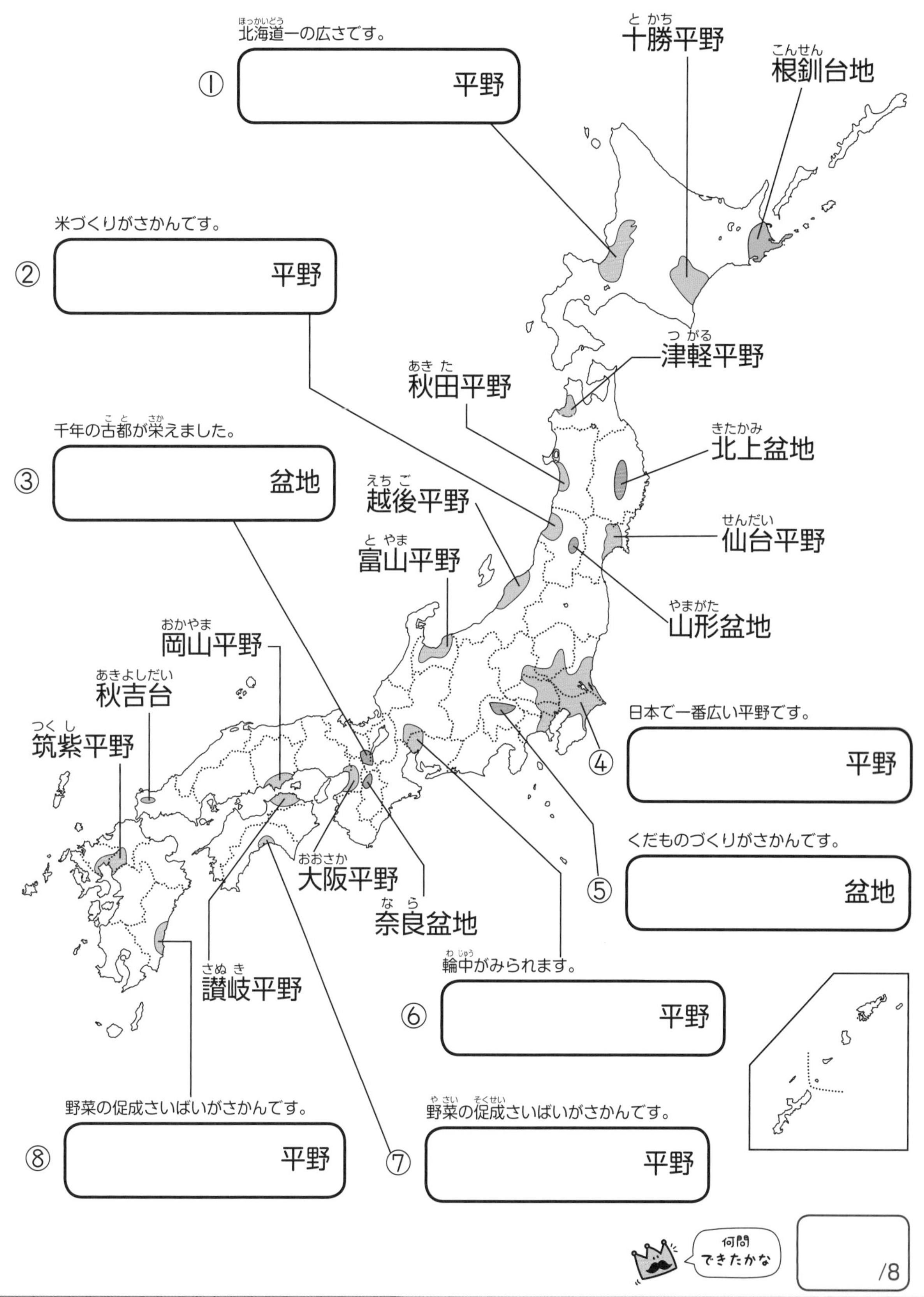

ヒント　山形県の②平野や秋田県の秋田平野などでは米づくりがさかんだよ。

日本の地形③ー川・半島

月　日　時　分～　時　分
名前

次の川・半島の名前をなぞって覚えましょう。

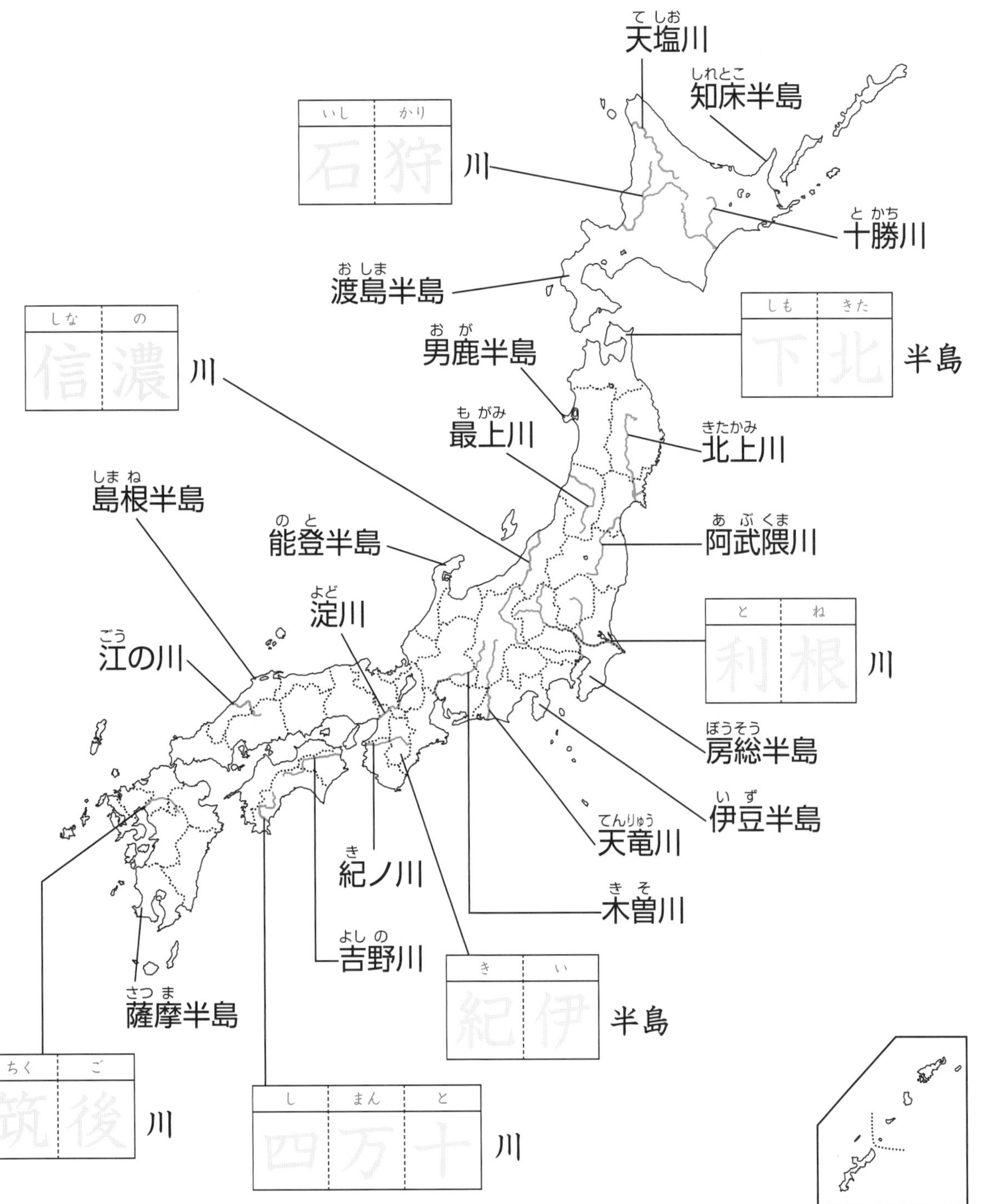

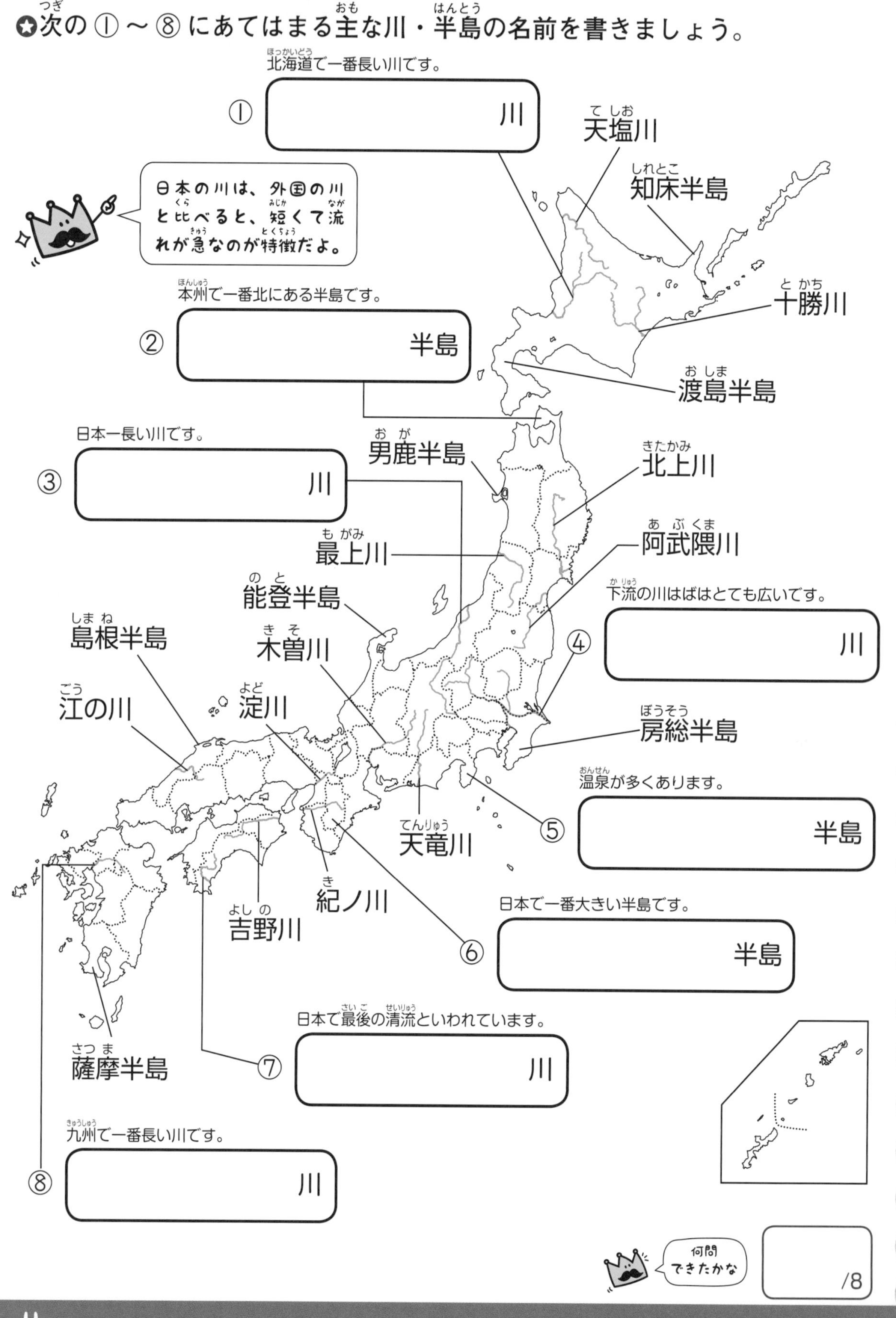

ヒント ⑤半島は火山や温泉が多く、観光地として有名だよ。

27 まとめのテスト4

月	日	時	分～	時	分
名前				/100	

✪次の地図を見て、あとの問いに答えましょう。

（各５点）

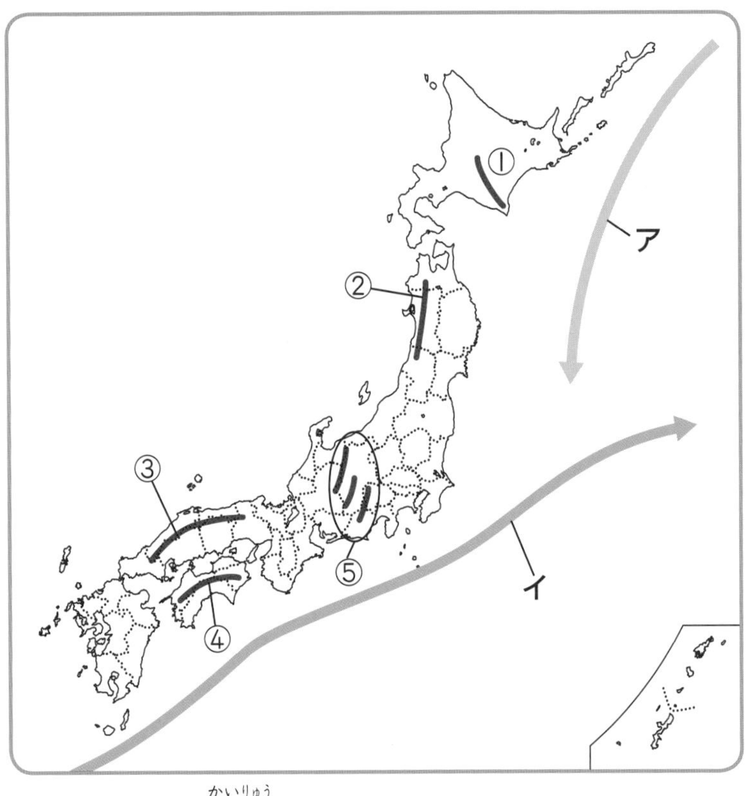

(1)	ア	
	イ	
(2)		
(3)		
(4)		
(5)	①	
	②	
	③	
	④	
(6)		

(1)　ア・イの海流の名前を書きましょう。

(2)　①がある地域は、冬が長く寒さがきびしいです。この地域の気候の名前を書きましょう。

(3)　②がある地域は冬に雪が多くふります。この地域の気候の名前を書きましょう。

(4)　③と④に囲まれた地域は年間を通して温暖で雨が少ないです。この地域の気候の名前を書きましょう。

(5)　①～④の山脈・山地の名前を書きましょう。

(6)　⑤の３つの山脈を合わせて何といいますか。

✪ 次の地図を見て、あとの問いに答えましょう。

（(1)・(2)…各４点、(3)…各５点）

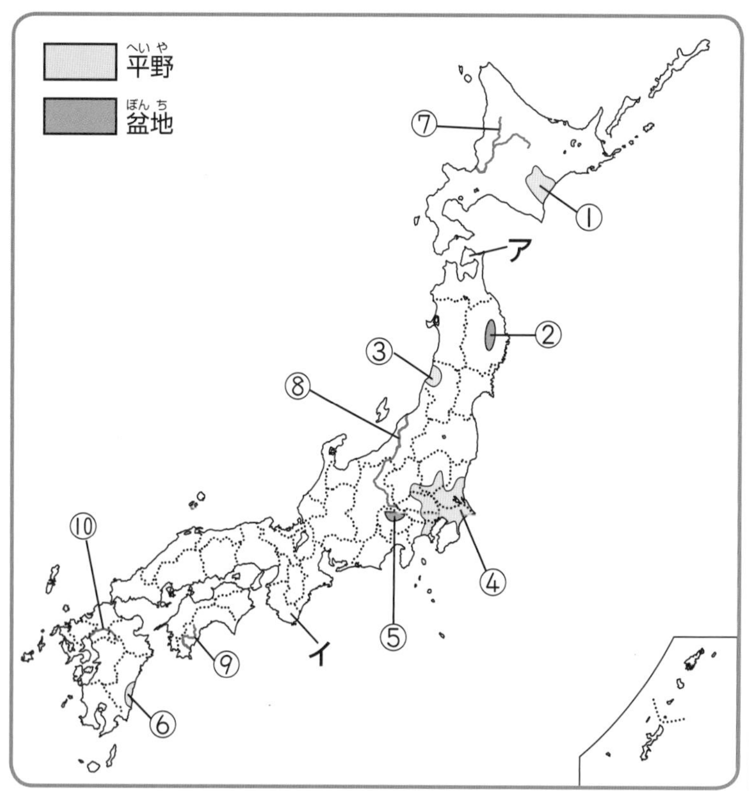

(1)　①～⑥の平野・盆地の名前を書きましょう。

(2)　⑦～⑩の川の名前を書きましょう。

(3)　ア・イの半島の名前を書きましょう。

(1)	①	
	②	
	③	
	④	
	⑤	
	⑥	
(2)	⑦	
	⑧	
	⑨	
	⑩	
(3)	ア	
	イ	

ヒント ④は日本で一番広い平野、⑧は日本で一番長い川だよ。

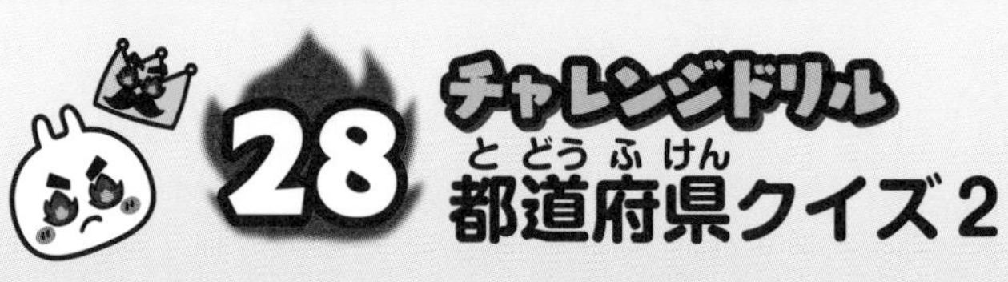

月　日　時　分～　時　分

名前

正しい都道府県の県庁所在地を選んで、ゴールまで進みましょう。

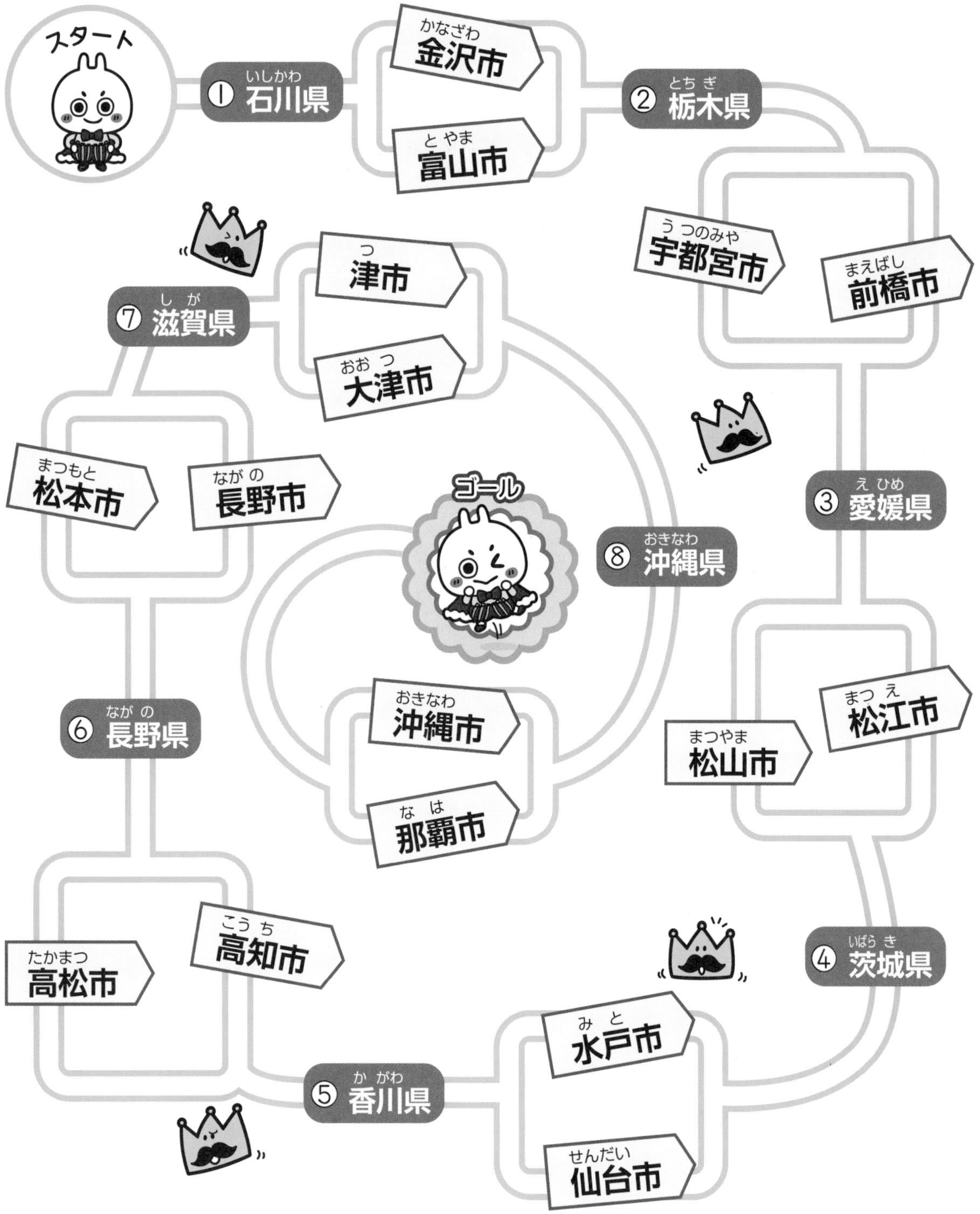

スタート

① 石川県
金沢市
富山市

② 栃木県
宇都宮市
前橋市

③ 愛媛県
松江市
松山市

④ 茨城県
水戸市
仙台市

⑤ 香川県
高知市
高松市

⑥ 長野県
松本市
長野市

⑦ 滋賀県
津市
大津市

⑧ 沖縄県
沖縄市
那覇市

ゴール

✪次の①〜⑥のグループについて、ふきだしの内容にあてはまる都道府県の地図を◯で囲みましょう。

＊都道府県の地図の縮尺や方位は同じではありません。小さな島は省略しています。

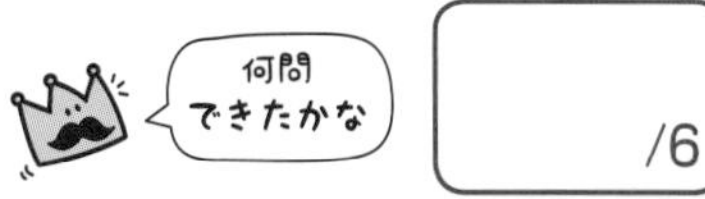

ヒント 信濃川は新潟県と長野県を流れる日本で一番長い川だよ。

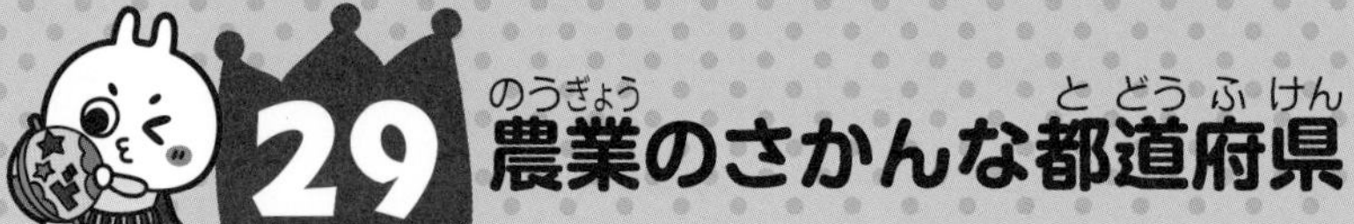

月	日	時	分〜	時	分
名前					

✪米・野菜・くだものについて、生産量が多い道県を次の表にまとめました。
この表を見て、あてはまるシールを、下の地図の道県にはりましょう。

＊赤字は生産量全国第１位（2020 年、米は 2021 年）。

	第１位	第２位	第３位		第１位	第２位	第３位
米	新潟県	北海道	秋田県	りんご	青森県	長野県	岩手県
キャベツ	愛知県	群馬県	千葉県	も　も	山梨県	福島県	長野県
ピーマン	茨城県	宮崎県	高知県	みかん	和歌山県	静岡県	愛媛県

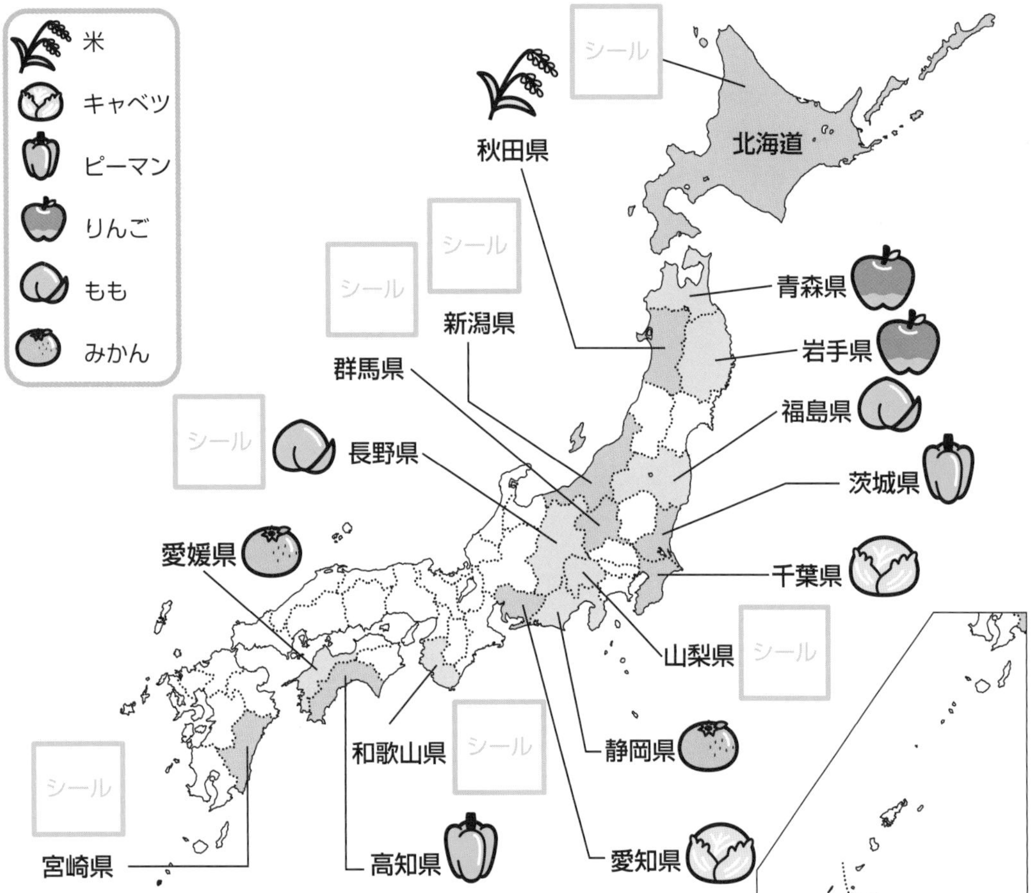

米
キャベツ
ピーマン
りんご
もも
みかん

シール
北海道
秋田県
シール
シール
新潟県
青森県
岩手県
群馬県
福島県
シール
長野県
茨城県
愛媛県
千葉県
山梨県
シール
和歌山県
シール
静岡県
シール
宮崎県
高知県
愛知県

✪米・野菜・くだものについて、生産量が多い道県を次の表にまとめました。

下の図を見て、①～⑥にあてはまる道県名を書きましょう。

(2020 年、米は 2021 年)

	第1位	第2位	第3位
米	新潟県	①	秋田県
キャベツ	②	群馬県	千葉県
ピーマン	茨城県	宮崎県	③
りんご	④	長野県	岩手県
も　も	山梨県	⑤	長野県
みかん	和歌山県	静岡県	⑥

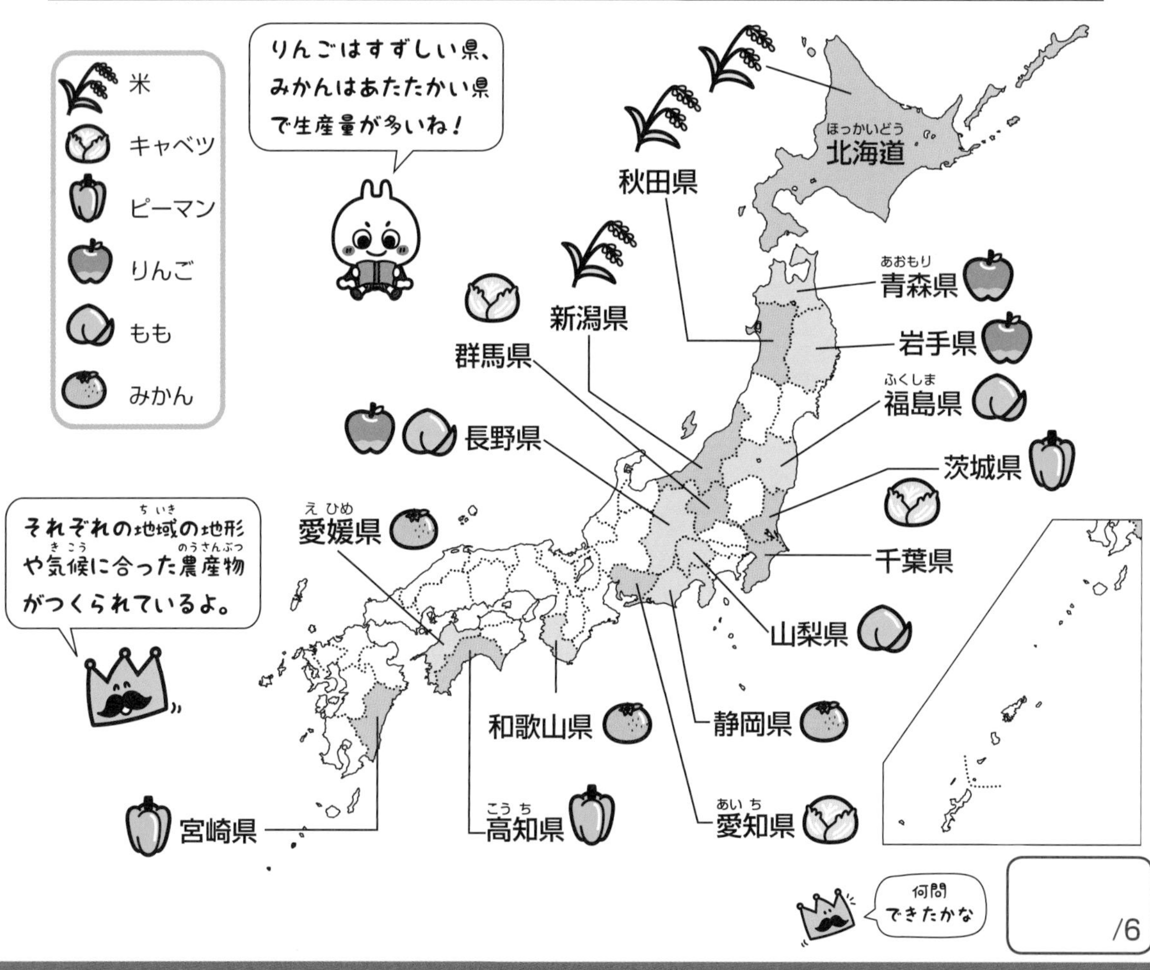

何問できたかな　/6

ヒント　野菜の生産は、大都市の近く、あたたかい地域、すずしい地域でさかんだよ。

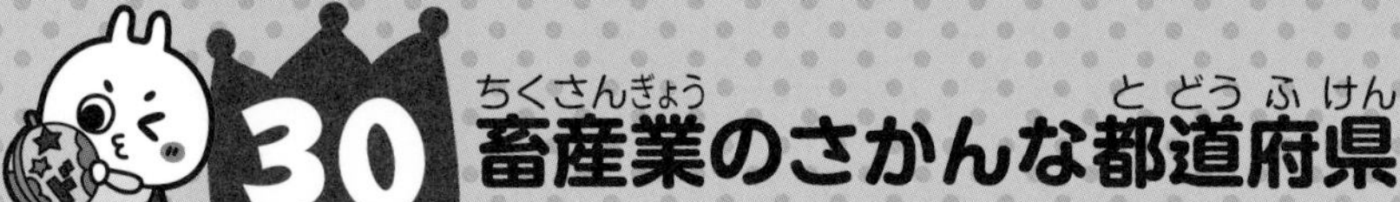

30 畜産業のさかんな都道府県

月　日　時　分～　時　分
名前

✪肉・生乳・たまごについて、生産量が多い道県を次の表にまとめました。この表を見て、あてはまるシールを、下の地図の道県にはりましょう。

＊赤字は生産量全国第1位（2020年、肉は2021年）。

	第1位	第2位	第3位		第1位	第2位	第3位
牛肉	北海道	鹿児島県	宮崎県	生乳	北海道	栃木県	熊本県
ぶた肉	鹿児島県	宮崎県	北海道	たまご	茨城県	鹿児島県	千葉県
とり肉	宮崎県	鹿児島県	岩手県				

生乳：牛乳などに加工される前の、牛からしぼった乳。

牛肉　生乳　ぶた肉　たまご　とり肉

北海道では、根釧台地を中心にらく農（乳牛を飼育して生乳や乳製品を生産する）がさかんです。生乳をバターやチーズなどの乳製品に加工して、全国に出荷しています。

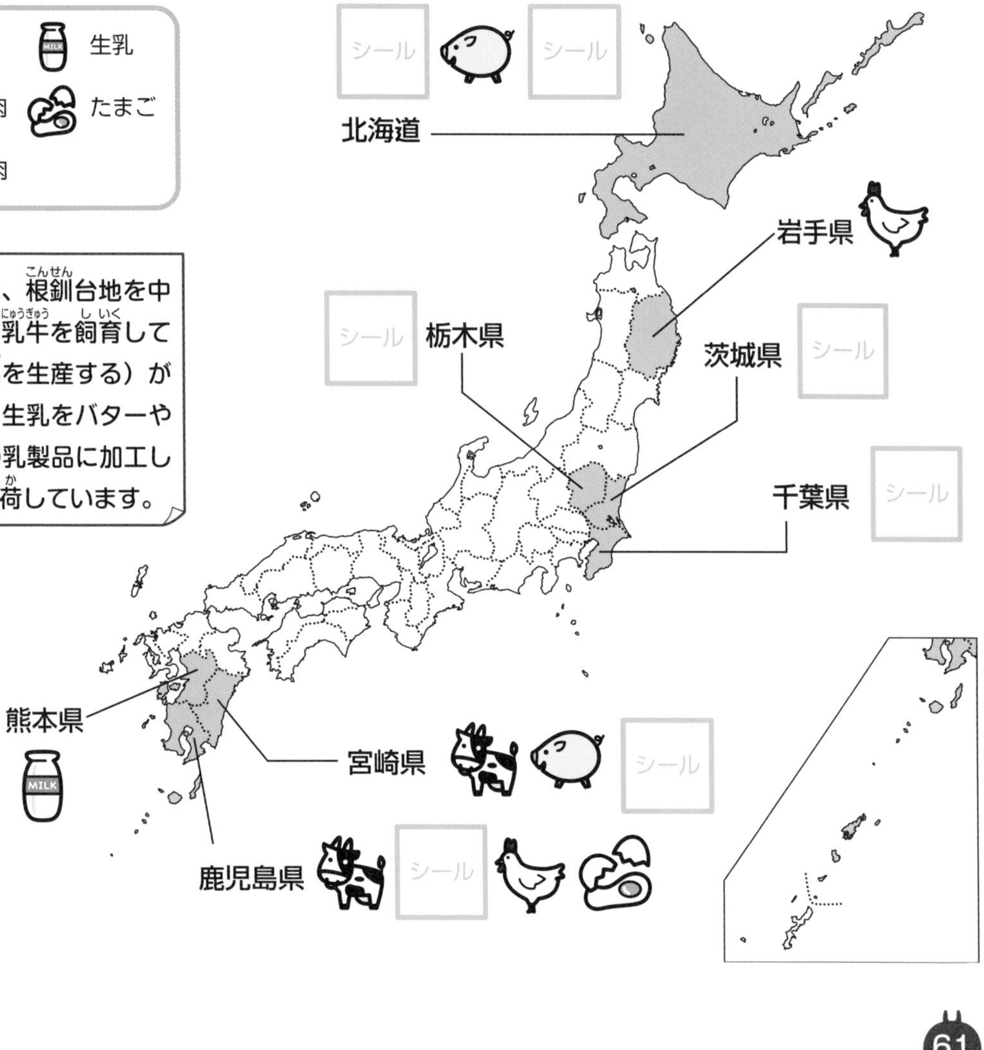

シール　シール
北海道
岩手県
シール　栃木県
茨城県　シール
千葉県　シール
熊本県
MILK
宮崎県　シール
鹿児島県　シール

✪肉・生乳・たまごについて、生産量が多い道県を次の表にまとめました。下の図を見て、①～⑤にあてはまる道県名を書きましょう。

（2020年、肉は2021年）

	第1位	第2位	第3位
牛　肉	①	鹿児島県	宮崎県
ぶた肉	②	宮崎県	北海道
とり肉	③	鹿児島県	岩手県
生　乳	北海道	④	熊本県
たまご	茨城県	鹿児島県	⑤

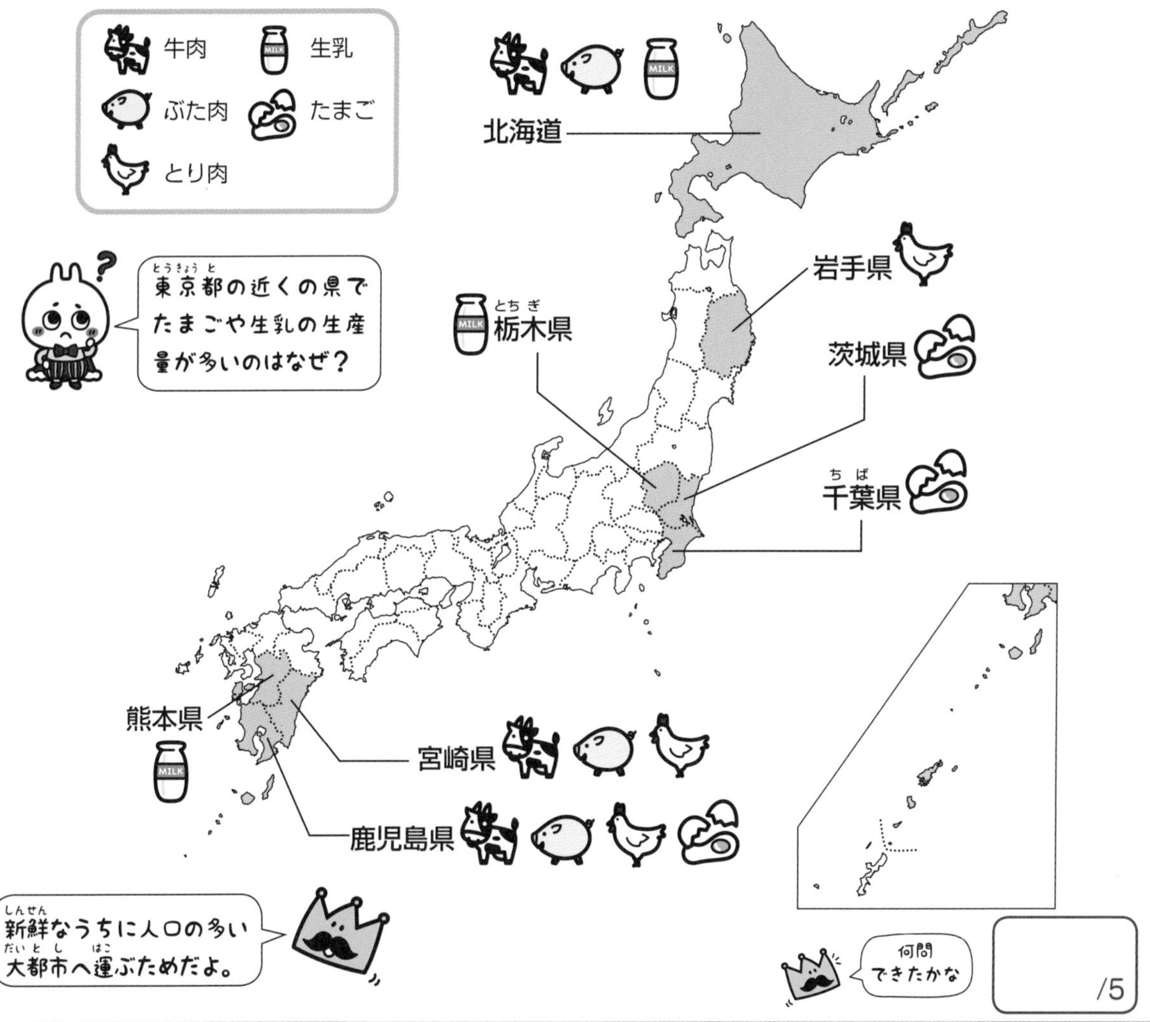

新鮮なうちに人口の多い大都市へ運ぶためだよ。

何問できたかな

/5

ヒント　畜産業は、九州地方南部の県や北海道のほか、人口の多い関東地方の県でさかんだよ。

31 漁業のさかんな都道府県

月　日　時　分〜　時　分

名前

✪水産物（魚・貝など）について、生産量が多い都道県を次の表にまとめました。この表を見て、あてはまるシールを、下の地図の都道府県にはりましょう。

＊赤字は生産量全国第１位（2020年）。

生産量：漁などでとれた魚や貝の量。

	第１位	第２位	第３位		第１位	第２位	第３位
まぐろ	静岡県	宮城県	宮崎県	いわし	茨城県	長崎県	宮城県
かつお	静岡県	東京都	宮城県	か　に	北海道	鳥取県	兵庫県
さんま	北海道	岩手県	宮城県	か　き	広島県	宮城県	岡山県

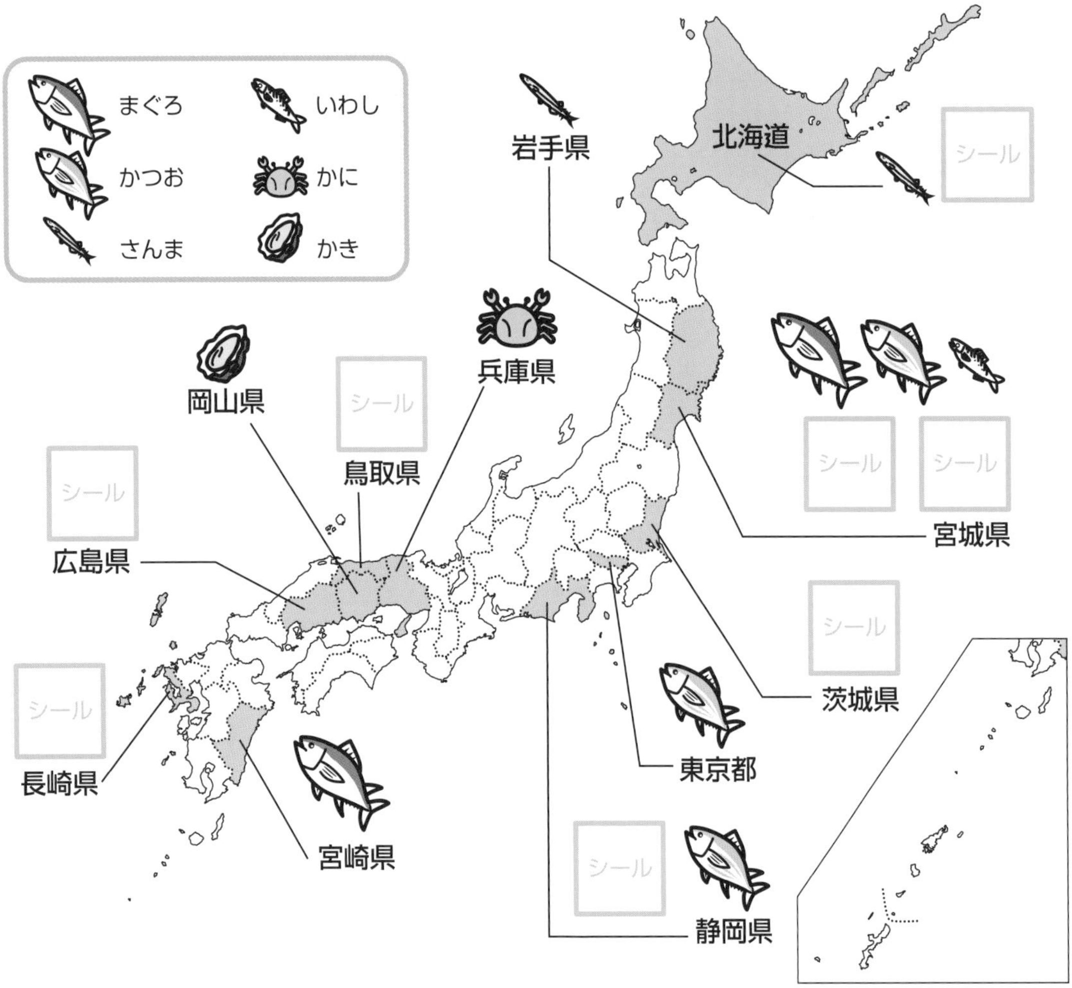

まぐろ　いわし

かつお　かに

さんま　かき

北海道　シール

岩手県

兵庫県

岡山県　シール

鳥取県

シール　シール

宮城県

シール

広島県

シール

茨城県

シール

長崎県

東京都

宮崎県

シール

静岡県

✪水産物（魚・貝など）について、生産量が多い都道府県を次の表にまとめました。下の図を見て、①～⑥にあてはまる都道府県名を書きましょう。

（2020年）

	第1位	第2位	第3位
まぐろ	①	宮城県	宮崎県
かつお	静岡県	東京都	②
さんま	③	岩手県	宮城県
いわし	④	長崎県	宮城県
か　に	北海道	鳥取県	⑤
か　き	⑥	宮城県	岡山県

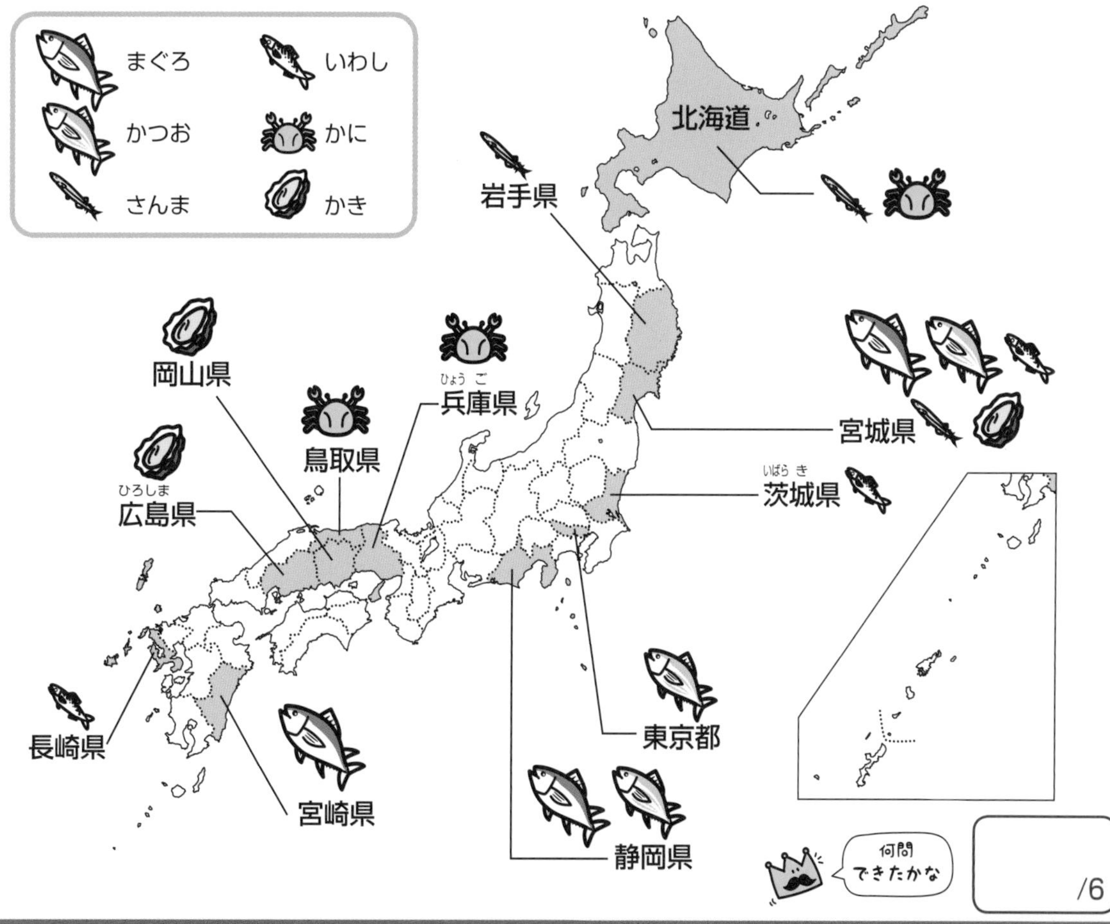

何問できたかな　/6

ヒント　遠洋漁業は港から遠くはなれた海で長期間行う漁業、沖合漁業は10t以上の船で数日がかりで行う漁業。

32 工業地帯・工業地域

月　日　時　分～　時　分

名前

✪日本の主な工業地帯・工業地域の名前を、それぞれなぞって覚えましょう。

また、そのほかの工業地域を見てみましょう。

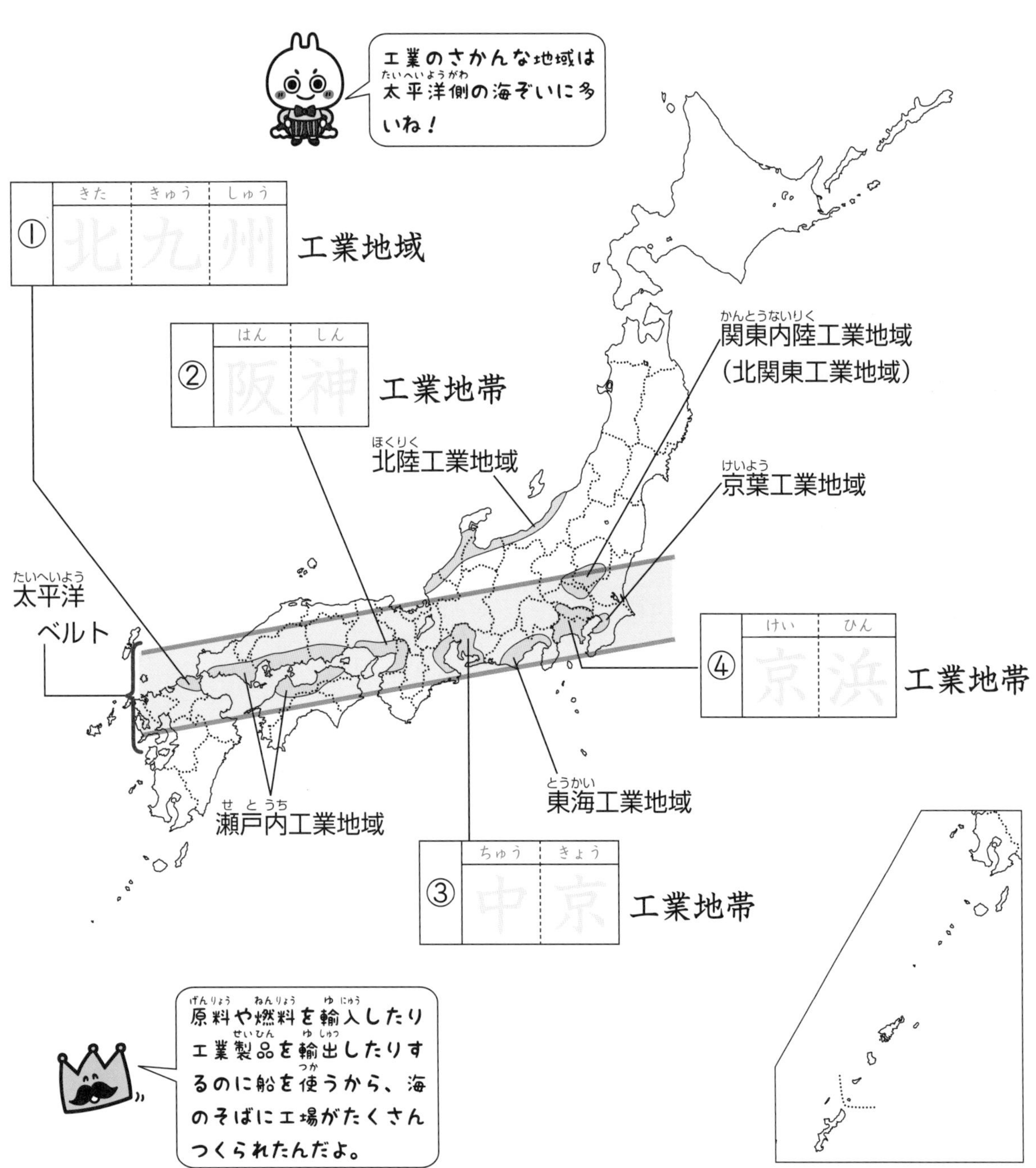

✪次の①にあてはまる工業のさかんな帯状の地域の名前を書きましょう。また、②～⑥の工業地帯・工業地域の名前を書きましょう。

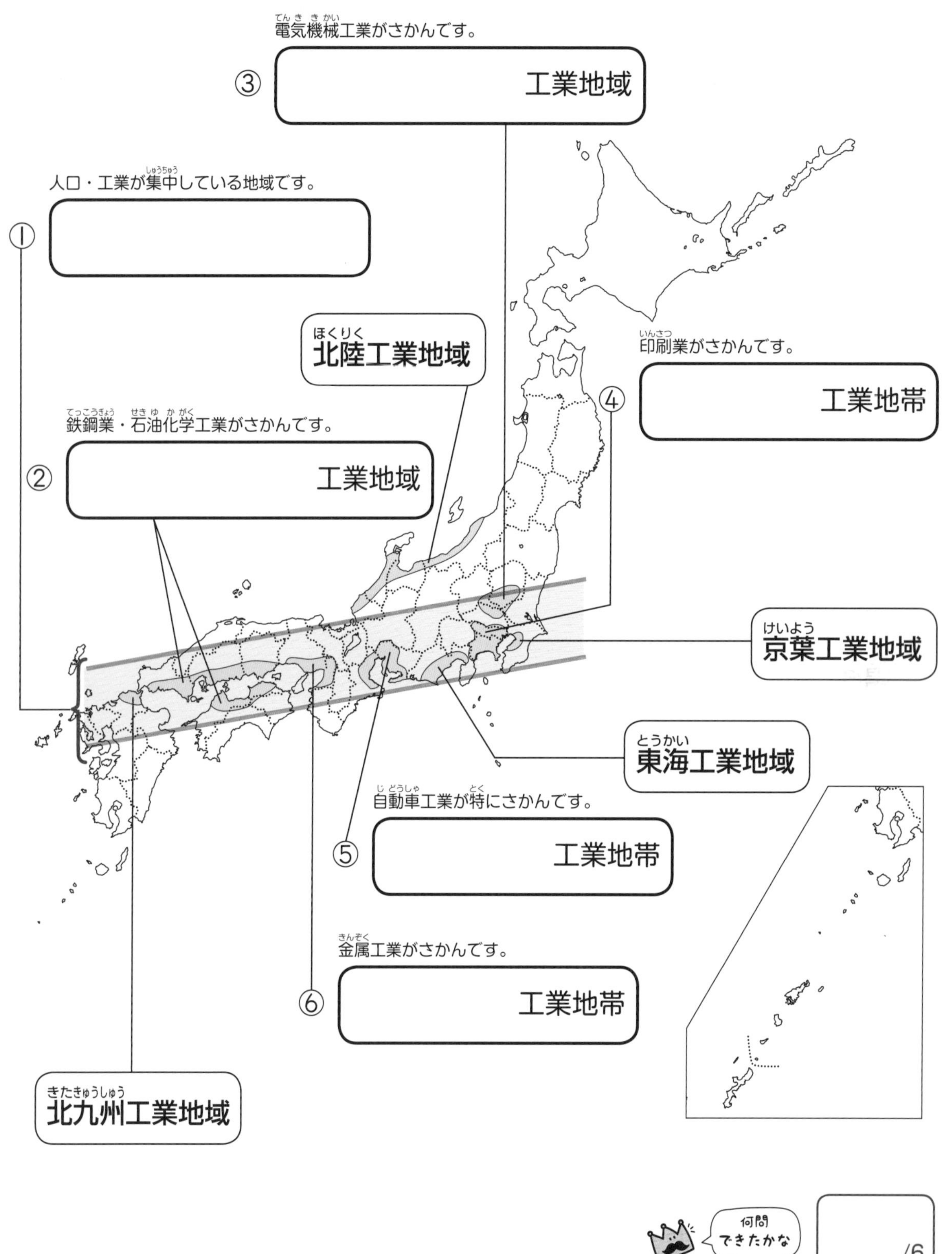

ヒント ④工業地帯・⑤工業地帯・⑥工業地帯を合わせて三大工業地帯とよぶよ。

月　日　時　分～　時　分

名前

次の高速道路の名前をなぞって覚えましょう。

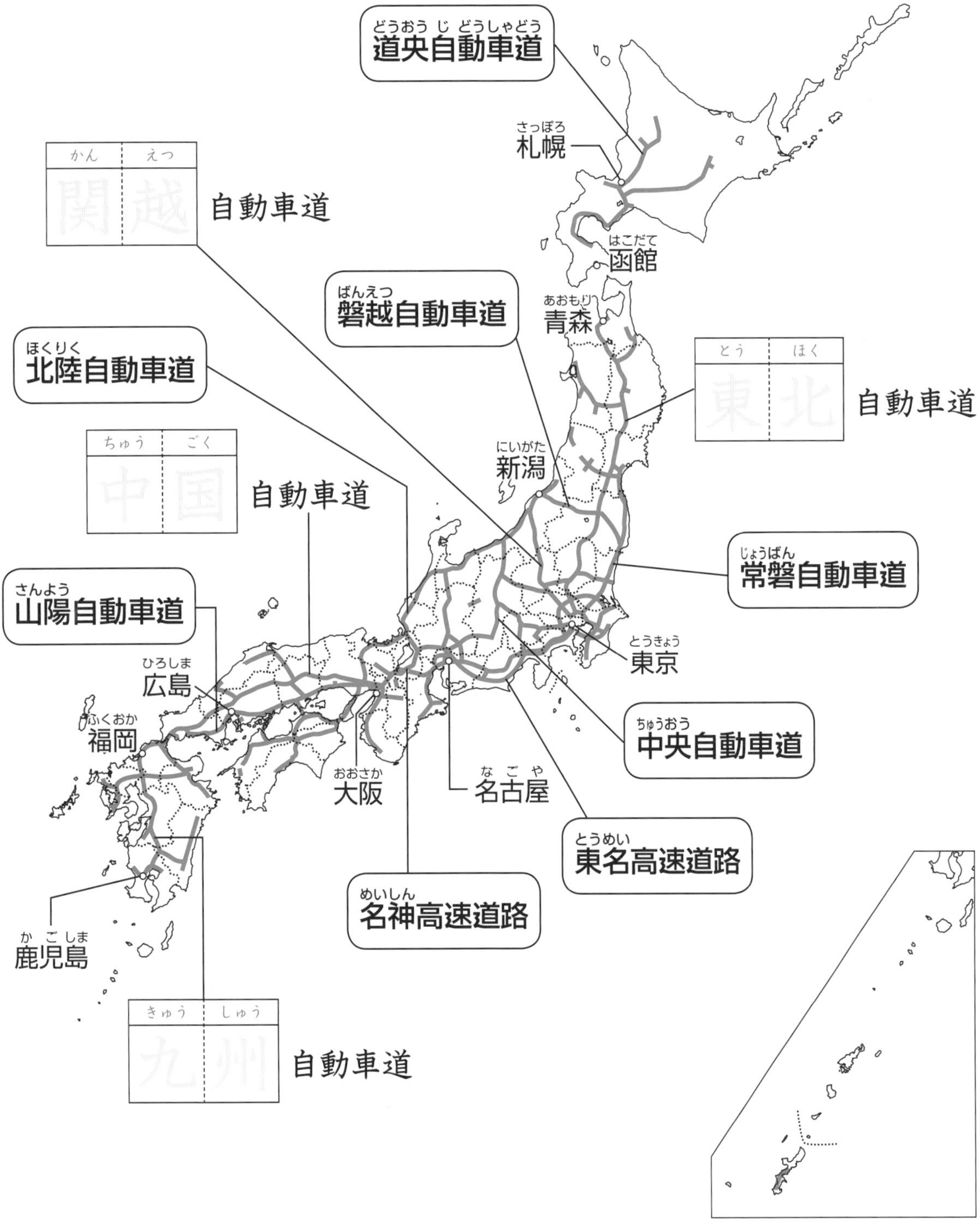

道央自動車道

札幌

関越自動車道

函館

磐越自動車道

青森

北陸自動車道

東北自動車道

中国自動車道

新潟

常磐自動車道

山陽自動車道

東京

広島

福岡

中央自動車道

大阪

名古屋

東名高速道路

名神高速道路

鹿児島

九州自動車道

✪次の①～⑨にあてはまる主な高速道路の名前を書きましょう。

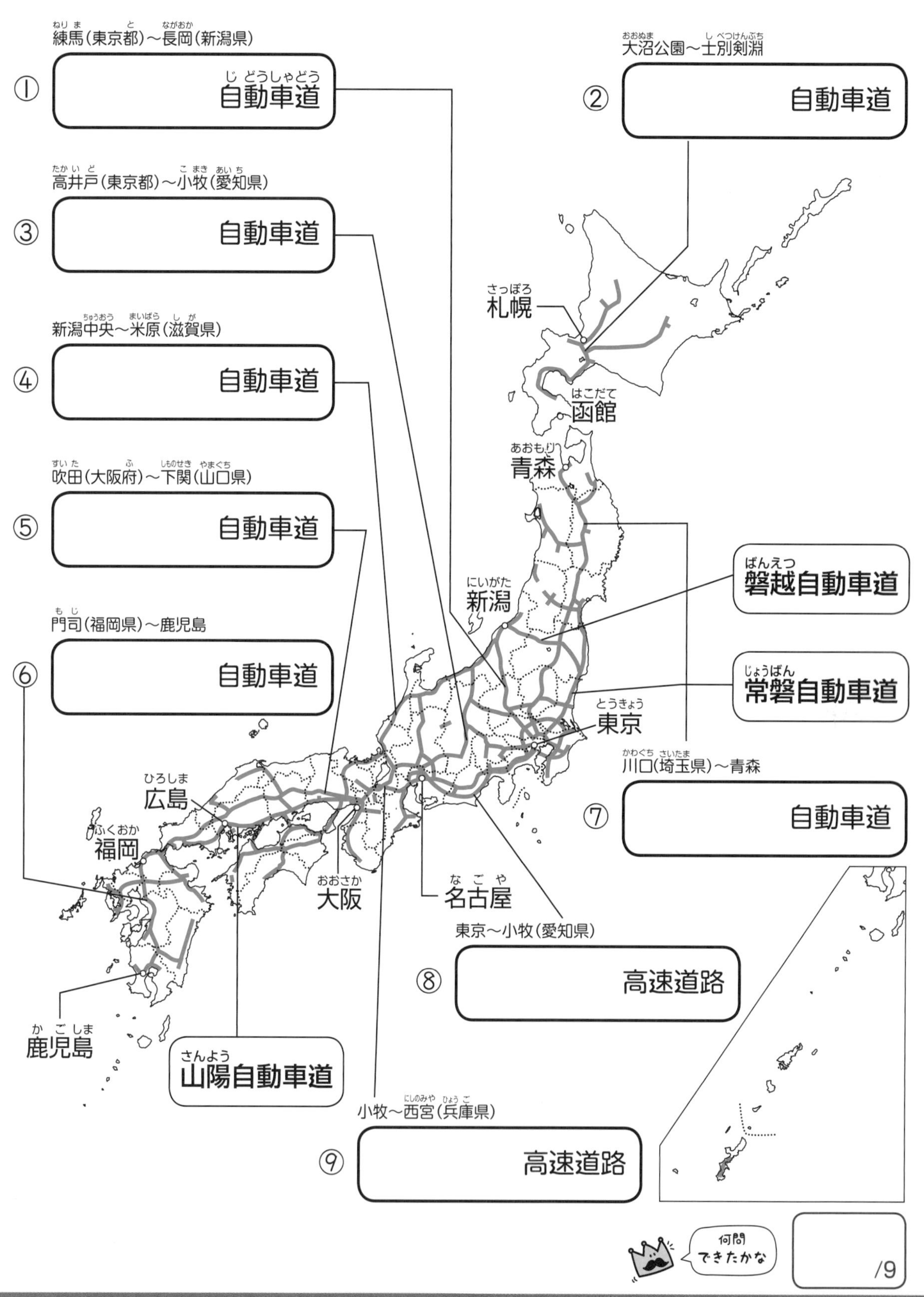

ヒント ⑨ 高速道路は日本初の高速道路で、1965年に全線開通したよ。

34 新幹線（しんかんせん）

月	日	時	分～	時	分

名前

✪次（つぎ）の新幹線の名前をなぞって覚（おぼ）えましょう。

（2022年現在（げんざい））

北海道（ほっかいどう）新幹線
はやぶさ、はやて

秋田（あきた）新幹線
こまち

山形（やまがた）新幹線
つばさ

上越（じょうえつ）新幹線
とき、たにがわ

北陸（ほくりく）新幹線
かがやき、あさま　など

東北（とうほく）新幹線
はやぶさ、やまびこ　など

東海道（とうかいどう）新幹線
のぞみ、ひかり、こだま

山陽（さんよう）新幹線
のぞみ、ひかり、こだま　など

九州（きゅうしゅう）新幹線
さくら、つばめ　など

西九州（にしきゅうしゅう）新幹線
かもめ

東海道新幹線と山陽新幹線は、新大阪をさかいに名前が変（か）わるよ。

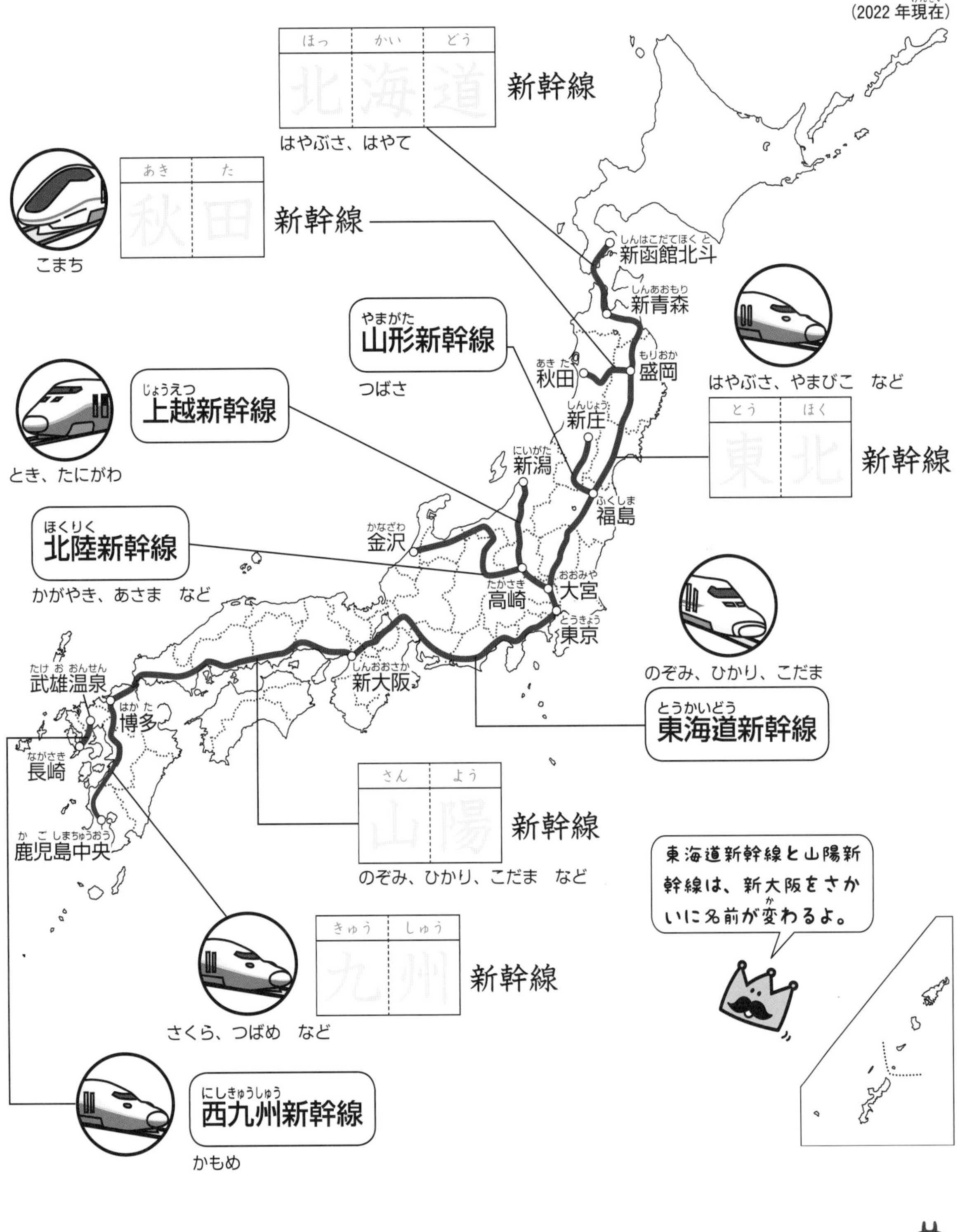

✪次の①～⑥にあてはまる主な新幹線の名前を書きましょう。また、新幹線が通っていない地方が１つあります。⑦にその地方名を書きましょう。

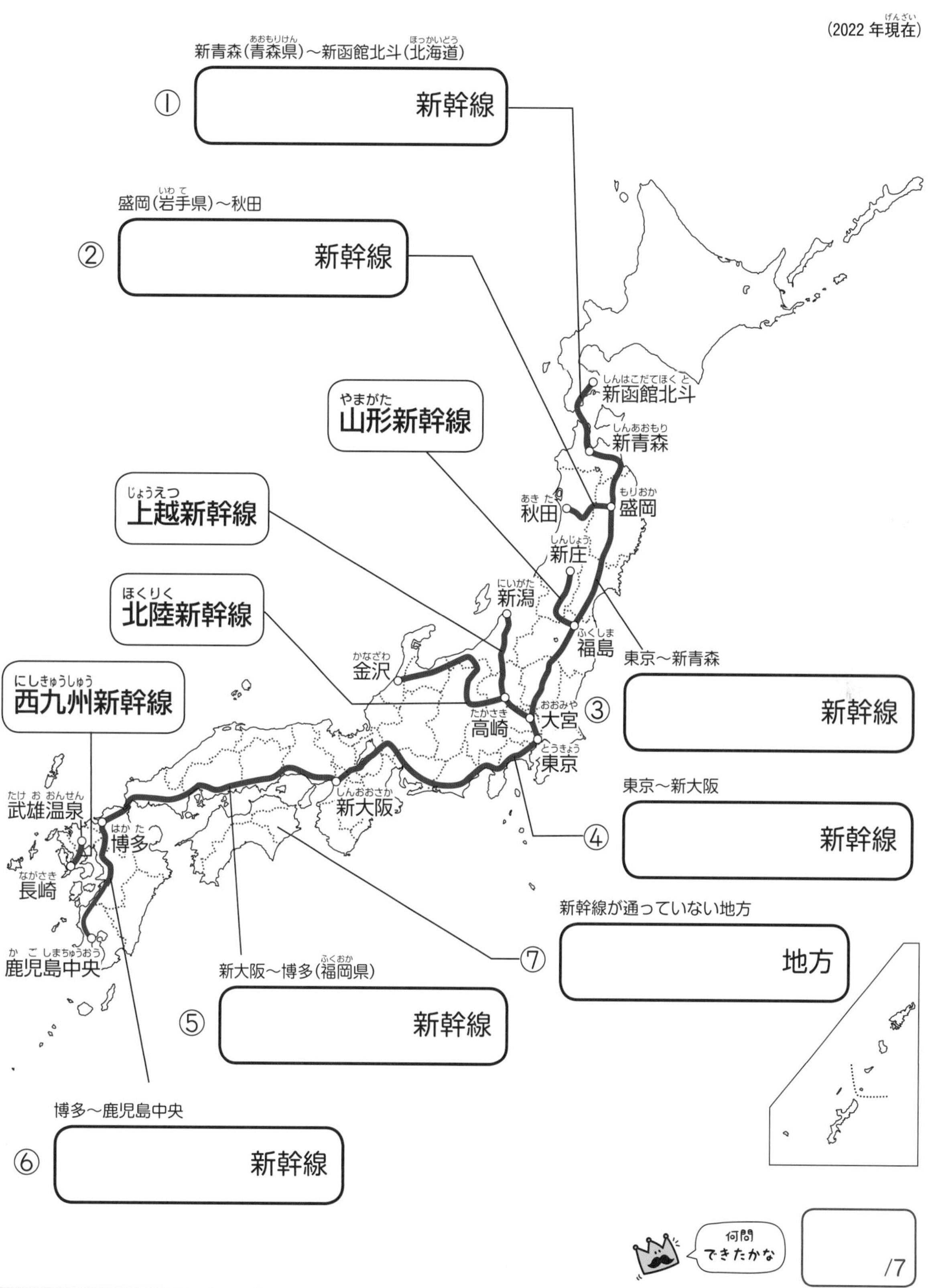

ヒント ① 新幹線は、2016年に開業し、東京～新函館北斗間を約4時間で結んでいるよ。

空港・漁港

月　日　時　分〜　時　分

名前

☆次の主な空港・漁港の名前をなぞって覚えましょう。

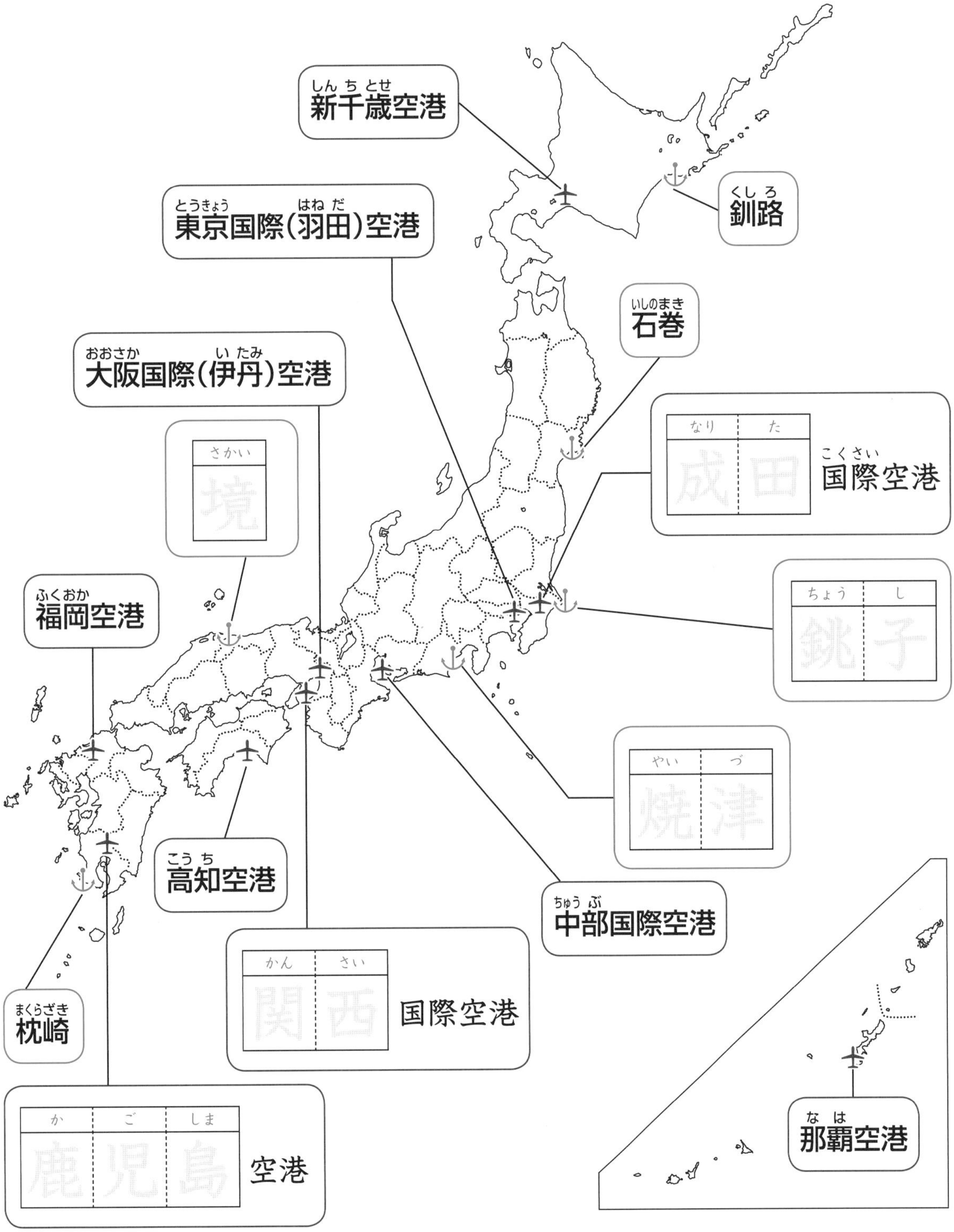

新千歳空港

釧路

東京国際(羽田)空港

石巻

大阪国際(伊丹)空港

成田国際空港

境

銚子

福岡空港

焼津

高知空港

中部国際空港

枕崎

関西国際空港

鹿児島空港

那覇空港

✪次の①～⑥にあてはまる主な空港・漁港の名前を書きましょう。

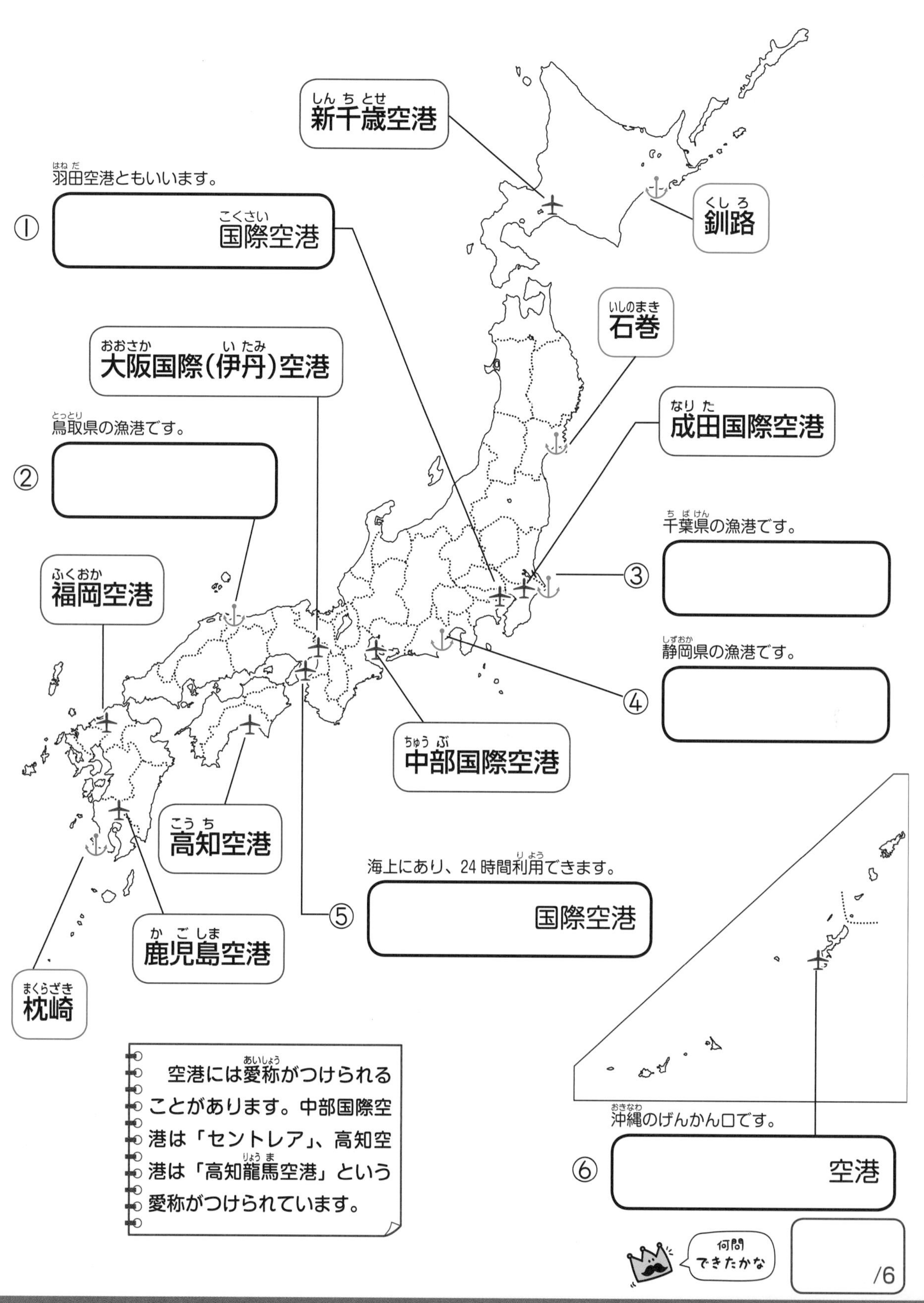

ヒント ① 国際空港は、利用者数や発着回数など日本最大の空港だよ。

36 まとめのテスト5

月	日	時	分～	時	分

名前

/100

✪次の地図を見て、あとの問いに答えましょう。

（各５点）

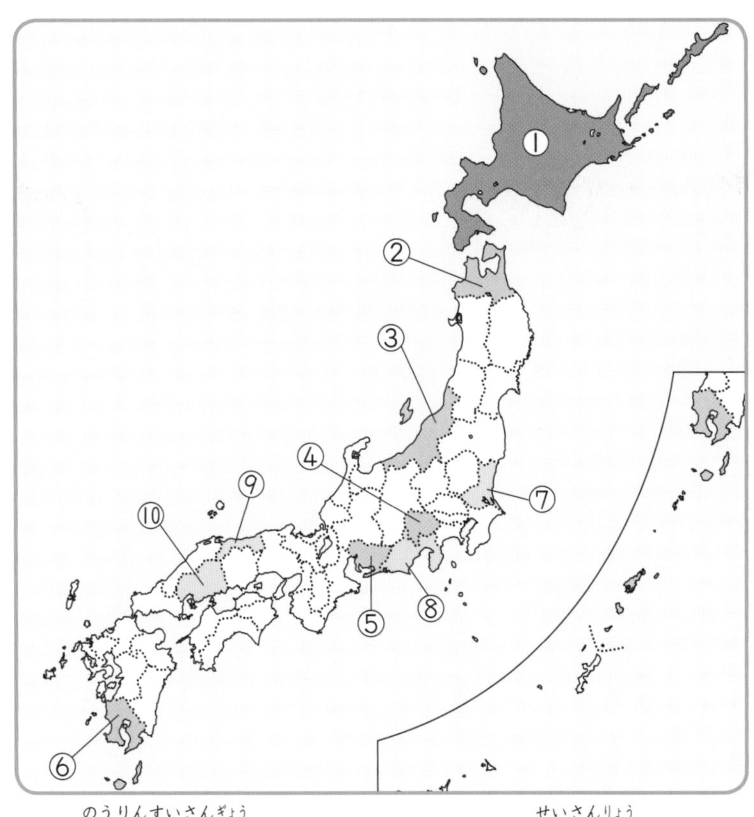

(1)	
(2)	②
	③
	④
	⑤
	⑥
(3)	⑦
	⑧
	⑨
	⑩

(1) 農林水産業がさかんな ① で、生産量（2020年、肉は2021年）が全国第１位ではないものを、次から１つ選んで書きましょう。

ピーマン　生乳　牛肉　さんま

(2) ②～⑥ の県で生産がさかんな農産物・畜産物を、次から１つずつ選んで書きましょう。

米　キャベツ　もも　りんご　ぶた肉

(3) ⑦～⑩ の県で生産がさかんな水産物を、次から１つずつ選んで書きましょう。

いわし　かき　かに　まぐろ

✪ 次の地図を見て、あとの問いに答えましょう。

（各５点）

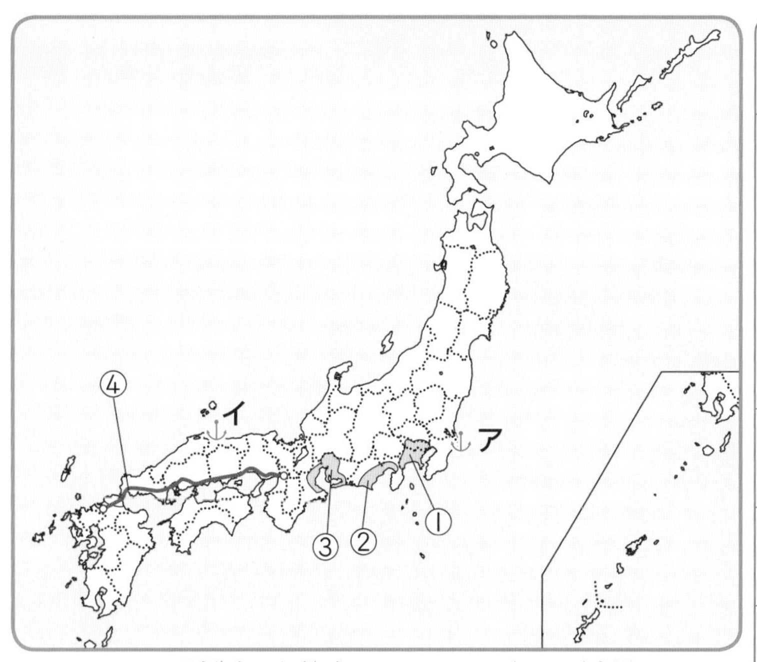

(1)　人口や工業が集中している、太平洋側の海ぞいに帯状に広がる地域の名前を書きましょう。

(2)　①～③の工業地帯・工業地域の名前を、次から１つずつ選んで書きましょう。

京浜工業地帯　中京工業地帯　東海工業地域

(3)　自動車工業が特にさかんな工業地帯・工業地域を、地図中の①～③から１つ選んで番号を書きましょう。

(4)　東京と小牧（愛知県）を結ぶ高速道路の名前を書きましょう。

(5)　④の新幹線の名前を書きましょう。

(6)　千葉県にある空港の名前を書きましょう。

(7)　**ア・イ**の漁港の名前を、次から１つずつ選んで書きましょう。

境　銚子　焼津

(1)		
(2)	①	
	②	
	③	
(3)		
(4)		高速道路
(5)		新幹線
(6)		空港
(7)	ア	
	イ	

ヒント　アの漁港は水あげ量（漁などでとれた魚や貝の量）が全国第１位だよ（2020年）。

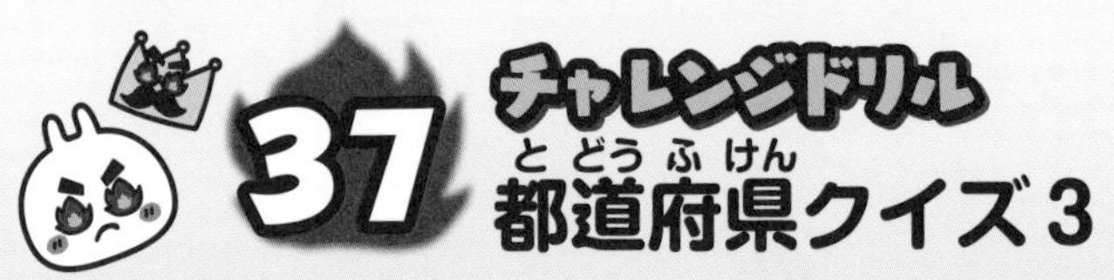

都道府県クイズ3

月　日　時　分～　時　分

名前

✪次の①～⑥の表の中から、あてはまる都道府県を見つけて、それぞれ（　）で囲みましょう。

① 米の生産量第1位！

鳥	長	崎
取	野	三
新	潟	重

② キャベツの生産量第1位！

沖	愛	媛
縄	知	奈
秋	田	良

③ みかんの生産量第1位！

青	森	富
和	歌	山
岩	手	口

④ 牛肉の生産量第1位！

大	阪	北
分	石	海
香	川	道

⑤ ぶた肉の生産量第1位！

京	鹿	栃
都	児	木
広	島	根

⑥ まぐろの生産量第1位！

熊	静	岡
本	滋	山
佐	賀	形

＊生産量は 2020 年、米・肉は 2021 年。

/6

★北海道から高速道路・新幹線・空港を利用して各地方を通り、沖縄県まで進みましょう。

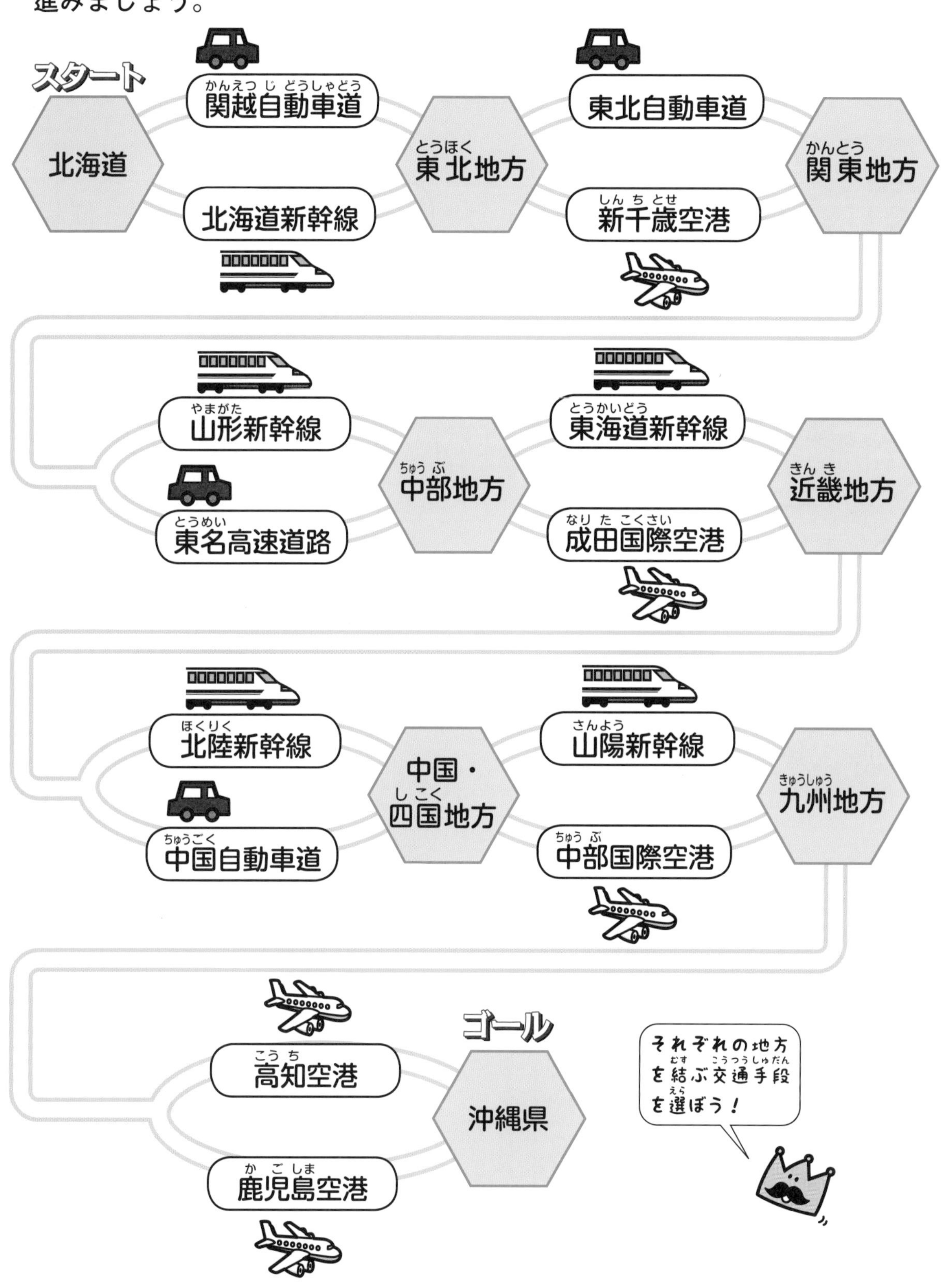

ヒント 東海道新幹線は、東京・名古屋・大阪の三大都市圏を結んでいるよ。

月	日	時	分～	時	分
名前					

✪次の地図のきまりに関する①～⑦をなぞって覚えましょう。

方位磁針

色のついた針の先が北をさします。

方位記号

北をさすしるしです。

八方位

東西南北を四方、下の図の8つの方位を八方といいます。

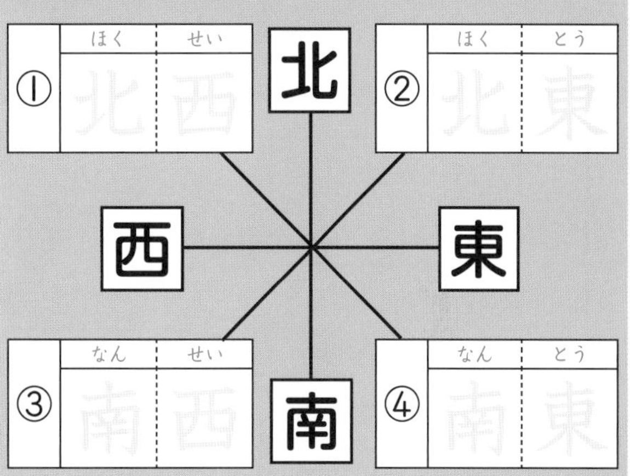

縮尺

実際の長さを表すものさしです。下の図では、1cmが100mを表しています。

0　100　200m

地図記号

いねをかりとったあとの切りかぶの形
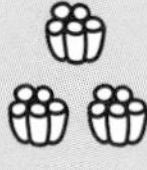

田

種から芽を出してきた葉の形
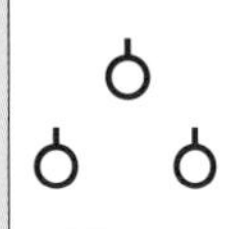

畑

くだものの形

くだもの畑

「赤十字」を五角形で囲んだ形
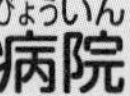

病院

仏教でめでたいことを表す形

寺

昔「逓信省」といい、その「テ」を○で囲んだ形

ゆうびん局

かんたんでわかりやすい記号にしたもの

⑤ し やく しょ 市役所

漢字の「文」の形。小学校と中学校を表す

⑥ がっ こう 学校

本の形

⑦ と しょ かん 図書館

✪次の地図を見て、みきさんの家からそれぞれの建物がある方角を八方位で①～③に書き、④～⑥の地図記号をかきましょう。また、みきさんの家の東西にある建物を表すシールを⑦・⑧にはりましょう。

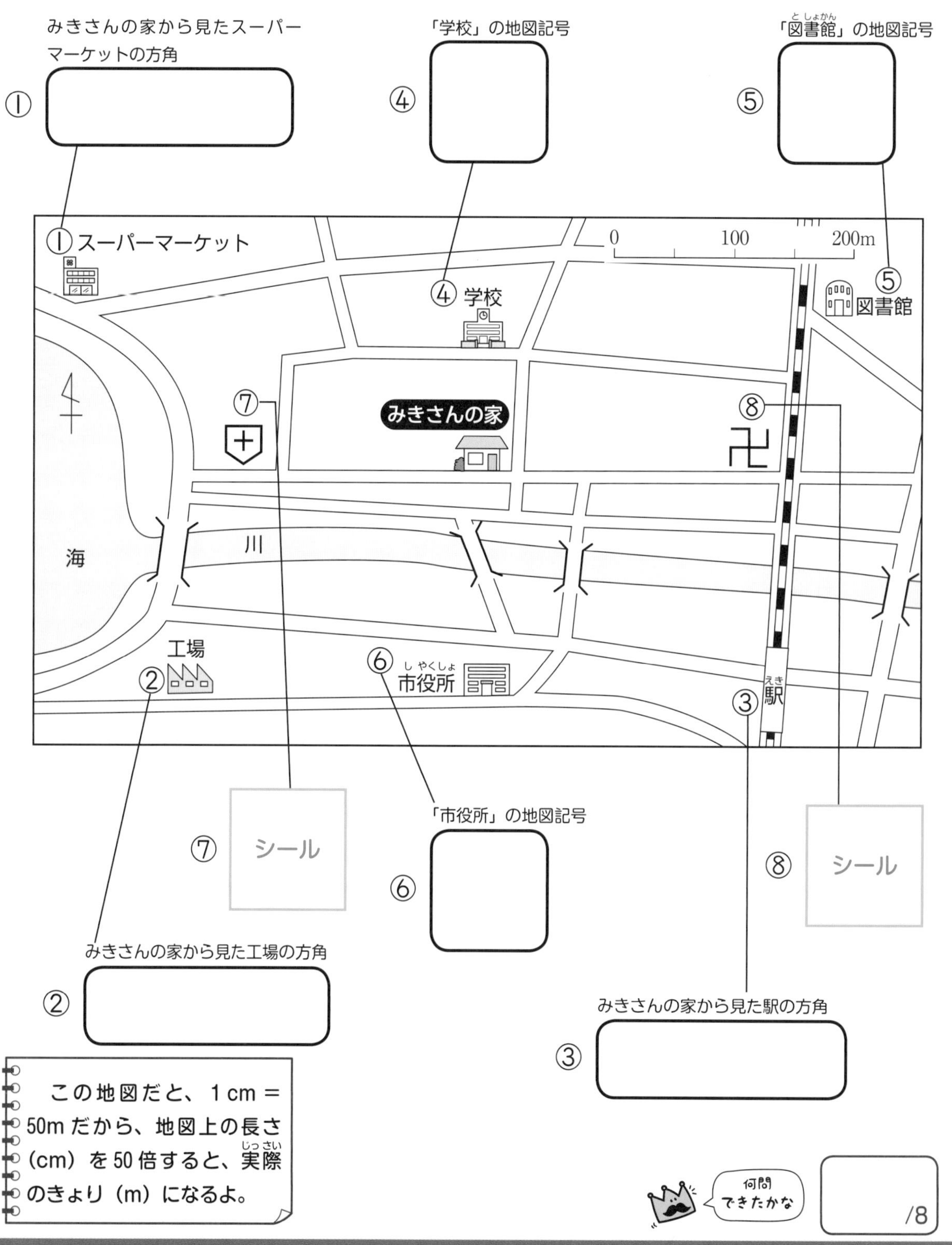

ヒント みきさんの家の北にある建物は学校だよ。

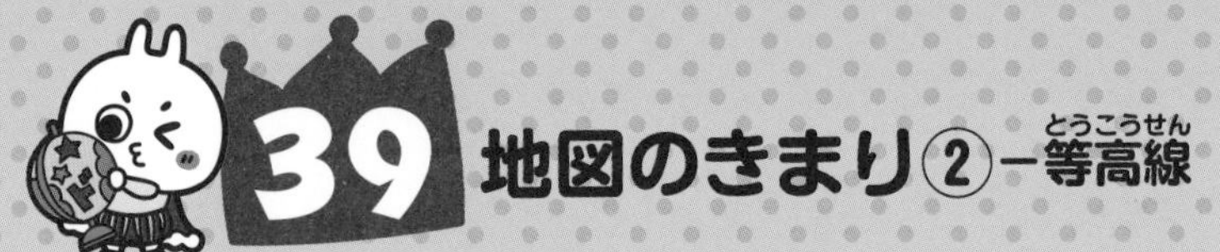

月 日	時 分～ 時 分
名前	

✪右の図は、ある島の高さを等高線で表したものです。①～④と島の断面図をなぞりましょう。また、低いところから順にだんだんとこい色をぬっていきましょう。

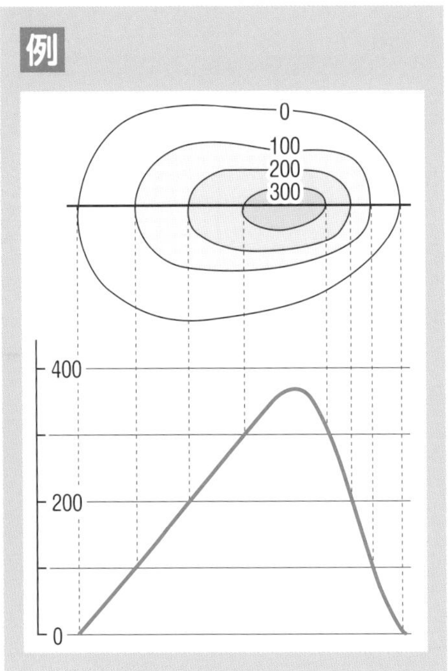

等高線の間を色分けすると、土地の高さがよくわかるね。

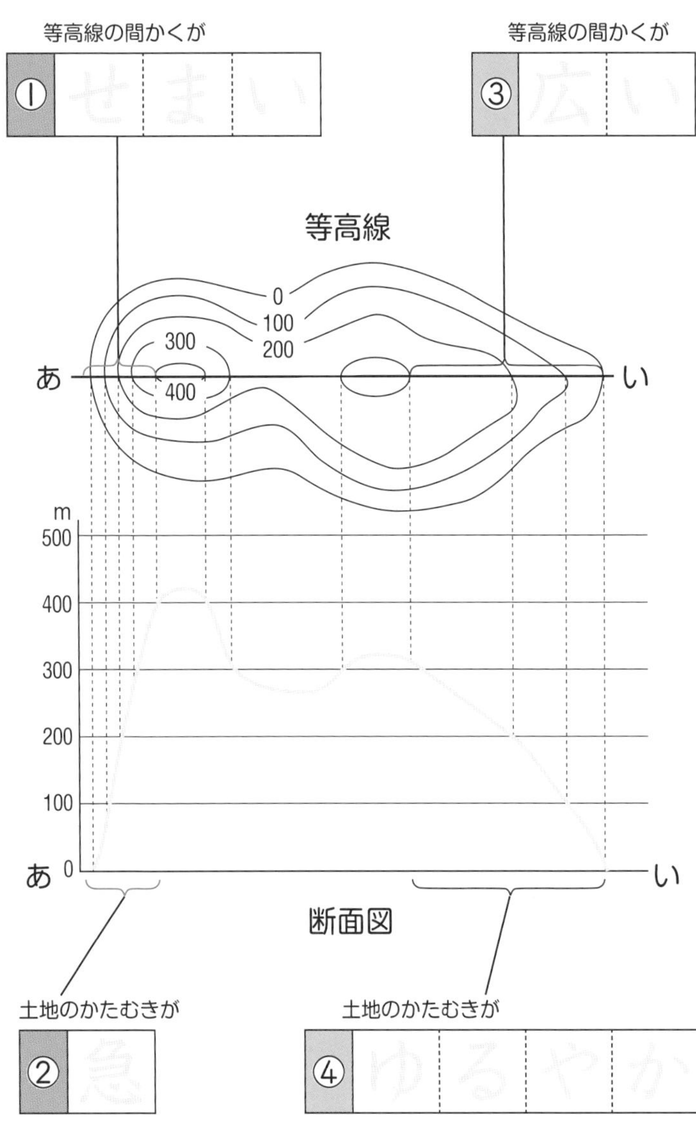

地図では、土地の高さを等高線で表します。等高線の間かくがせまいと土地のかたむきが急で、広いと土地のかたむきがゆるやかになります。

✪次の図を見て、①～⑤にあてはまることば・数字を書きましょう。また、この図の等高線を読んで、あ―いの線にそった断面図をかきましょう。

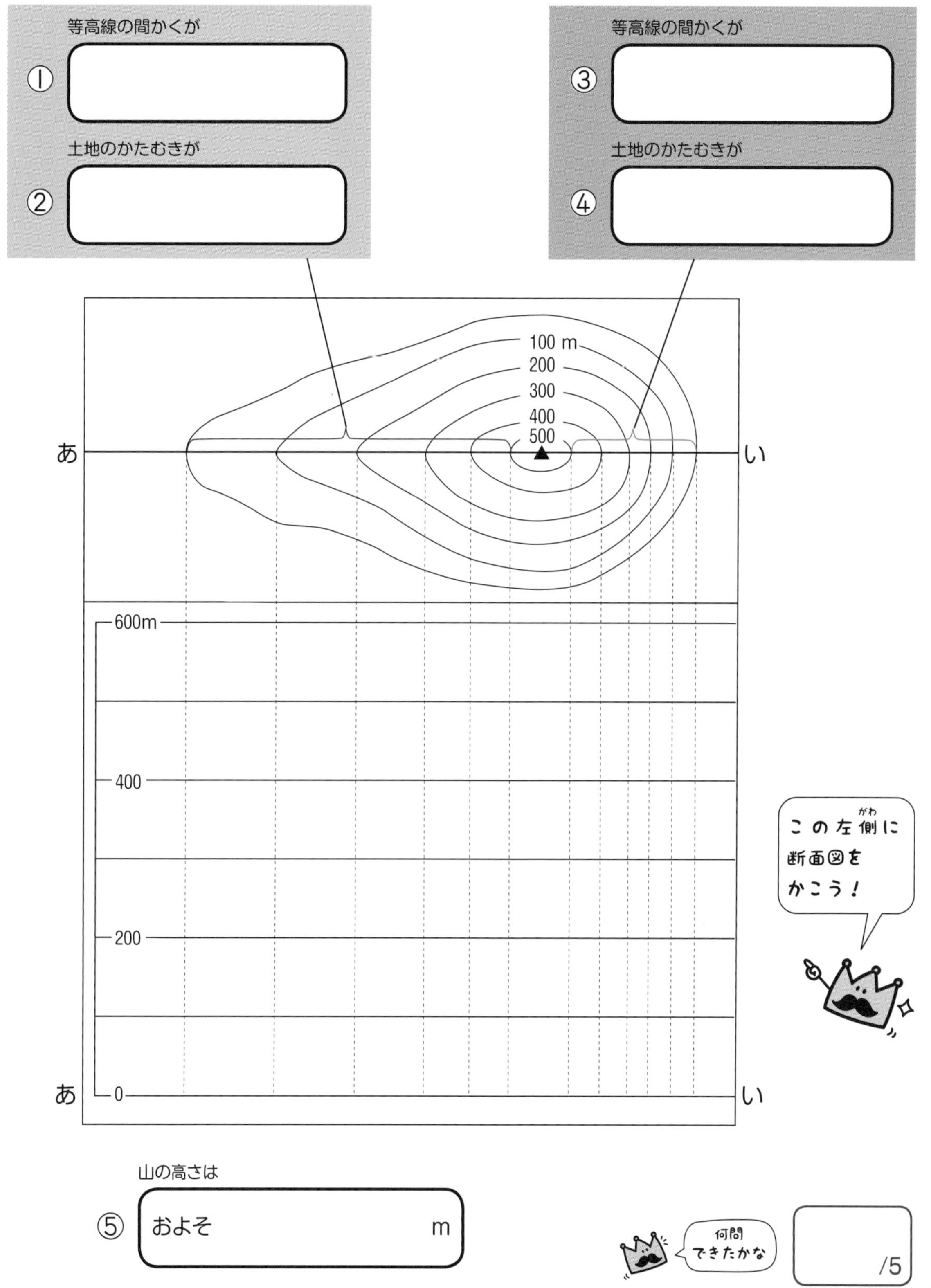

ヒント ▲は、山の頂上を表しているよ。

40 まとめのテスト6

月	日	時	分〜	時	分

名前　　　　/100

✪次の地図を見て、あとの問いに答えましょう。

（(1)～(5)…各5点、(6)…10点）

(1)　みきさんは、右の図の道具で北の方角を調べました。この道具の名前を書きましょう。

(2)　図書館から見て、スーパーマーケットがある方角を八方位で書きましょう。

(3)　図書館から見て、工場がある方角を八方位で書きましょう。

(4)　図書館から見て、駅がある方角を八方位で書きましょう。

(5)　みきさんの家の東西南北にある地図記号が表しているものを書きましょう。

(6)　この地図で、みきさんの家から駅までを直線で結ぶと3cmになります。実際のきょりはおよそ何mになりますか。（この地図では、1cmが100mを表しています。）

(1)		
(2)		
(3)		
(4)		
(5)	東	
	西	
	南	
	北	
(6)	およそ	m

✪ 次の図を見て、あとの問いに答えましょう。

((1)～(3)…各8点、(4)…10点)

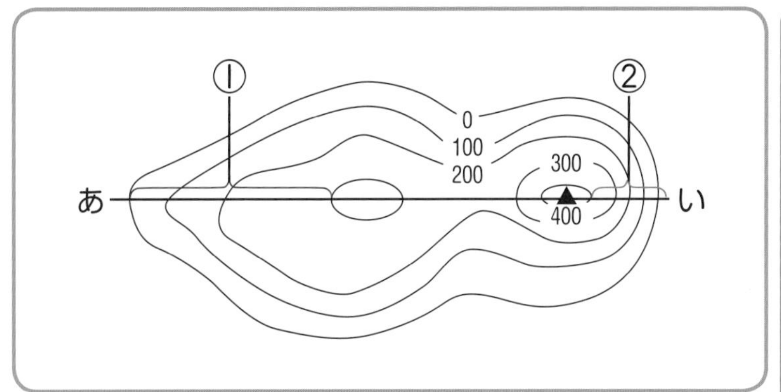

(1)	①	
	②	
(2)	①	
	②	
(3)	およそ　　　　m	
(4)		

(1)　①・②の等高線の間かくを、次から選んで書きましょう。

せまい　　広い

(2)　①・②の土地のかたむきを、次から選んで書きましょう。

ゆるやか　急

(3)　山の頂上の高さはおよそ何mですか。

(4)　この図の断面図にあてはまるものを、次の**ア**～**エ**から選んで記号を書きましょう。

ア

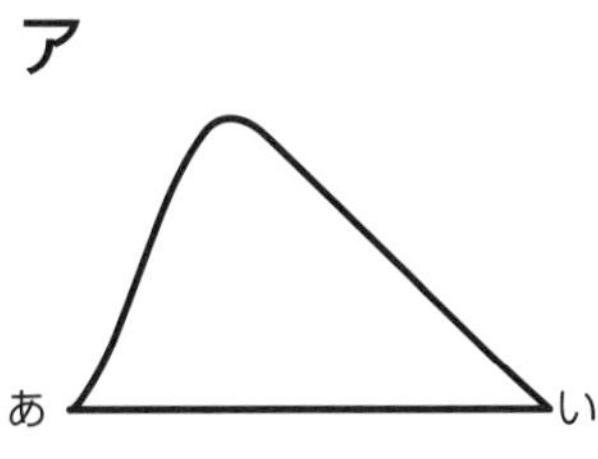

イ

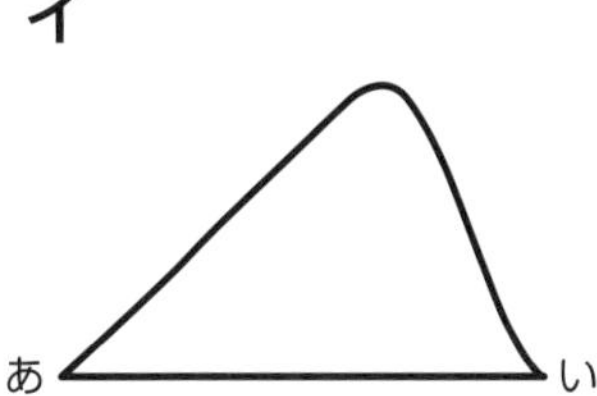

ウ

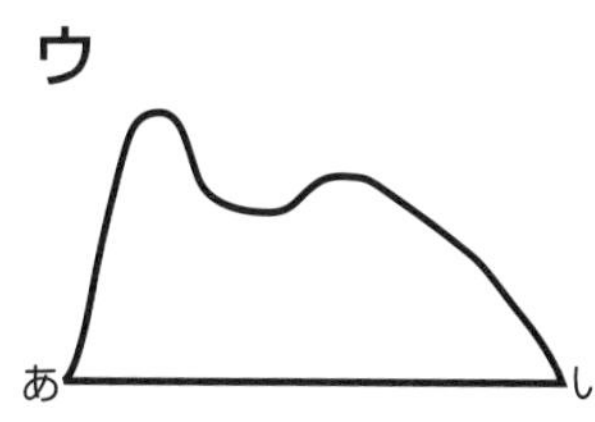

エ

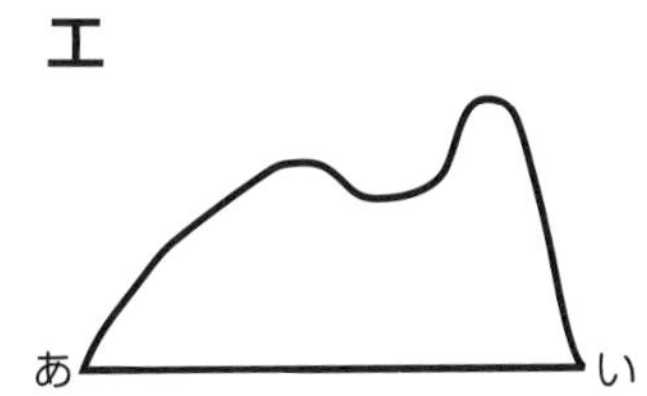

ヒント (3)(4) 図中、▲がある場所が一番高いところだよ。

地球のすがた－三大洋六大陸

月　日　時　分～　時　分
名前

三大洋と六大陸の名前をなぞって覚えましょう。また、下の□に書いてみましょう。

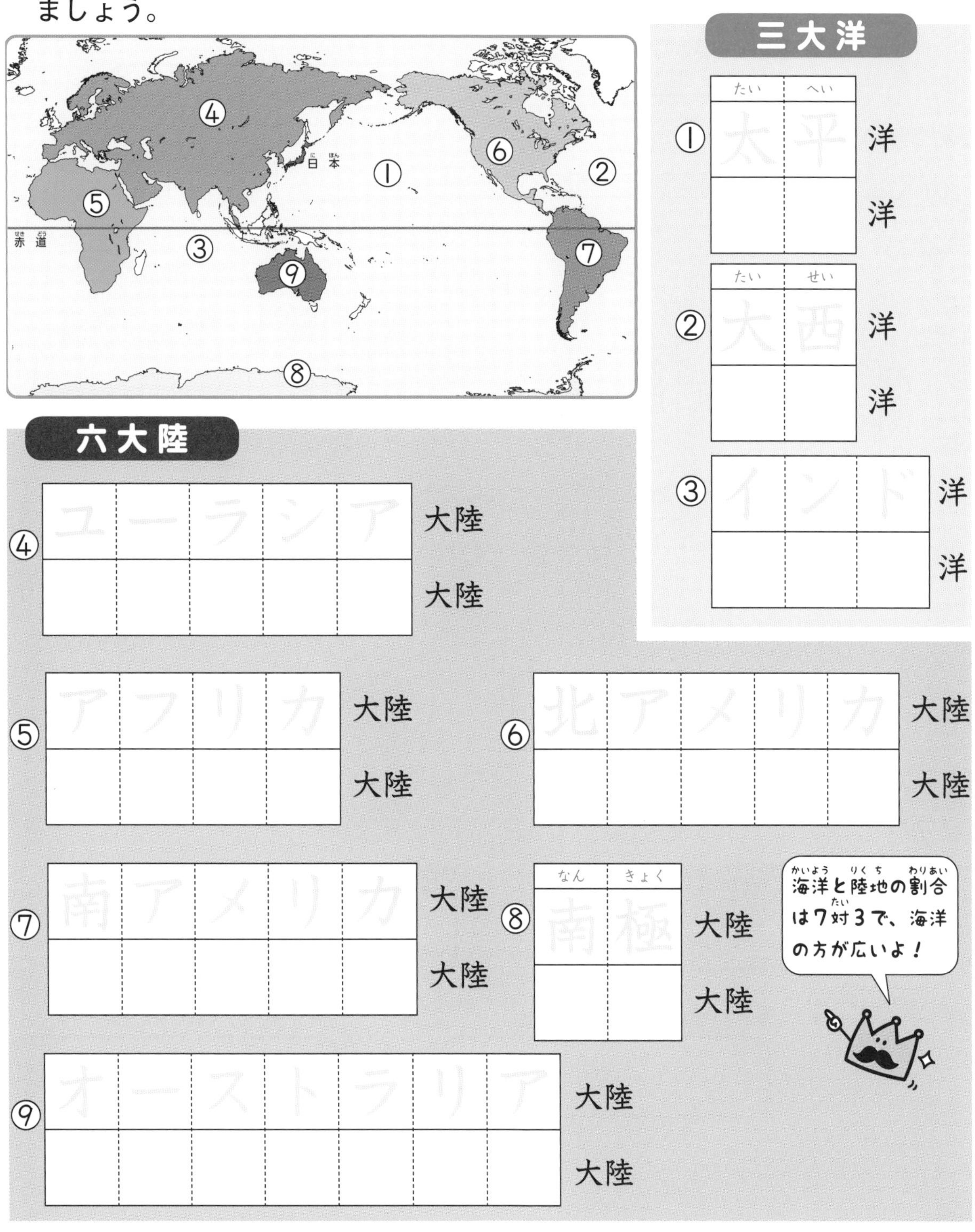

✪次の①～⑨にあてはまる海洋や大陸の名前を書き、六大陸にそれぞれ好きな色をぬりましょう。

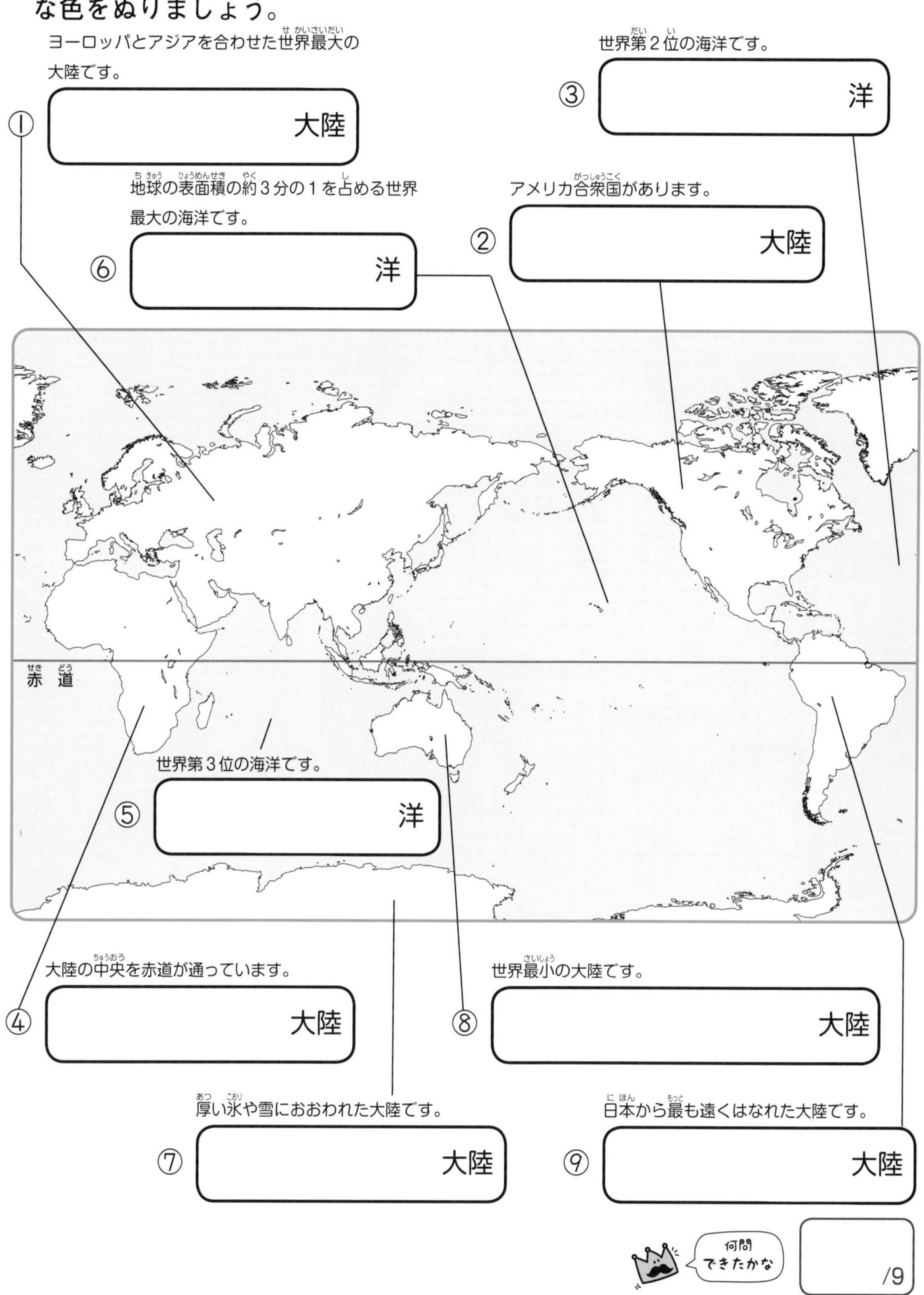

ヒント ③と⑥は、「大」と「太」のちがいに注意しよう。

42 ステップアップドリル 日本のまわりの国々

月 日	時 分～ 時 分
名前	

✪次の①～④の日本のまわりの国々の名前をなぞって覚えましょう。また、それぞれの国の国旗に色をぬって、国旗を完成させましょう。

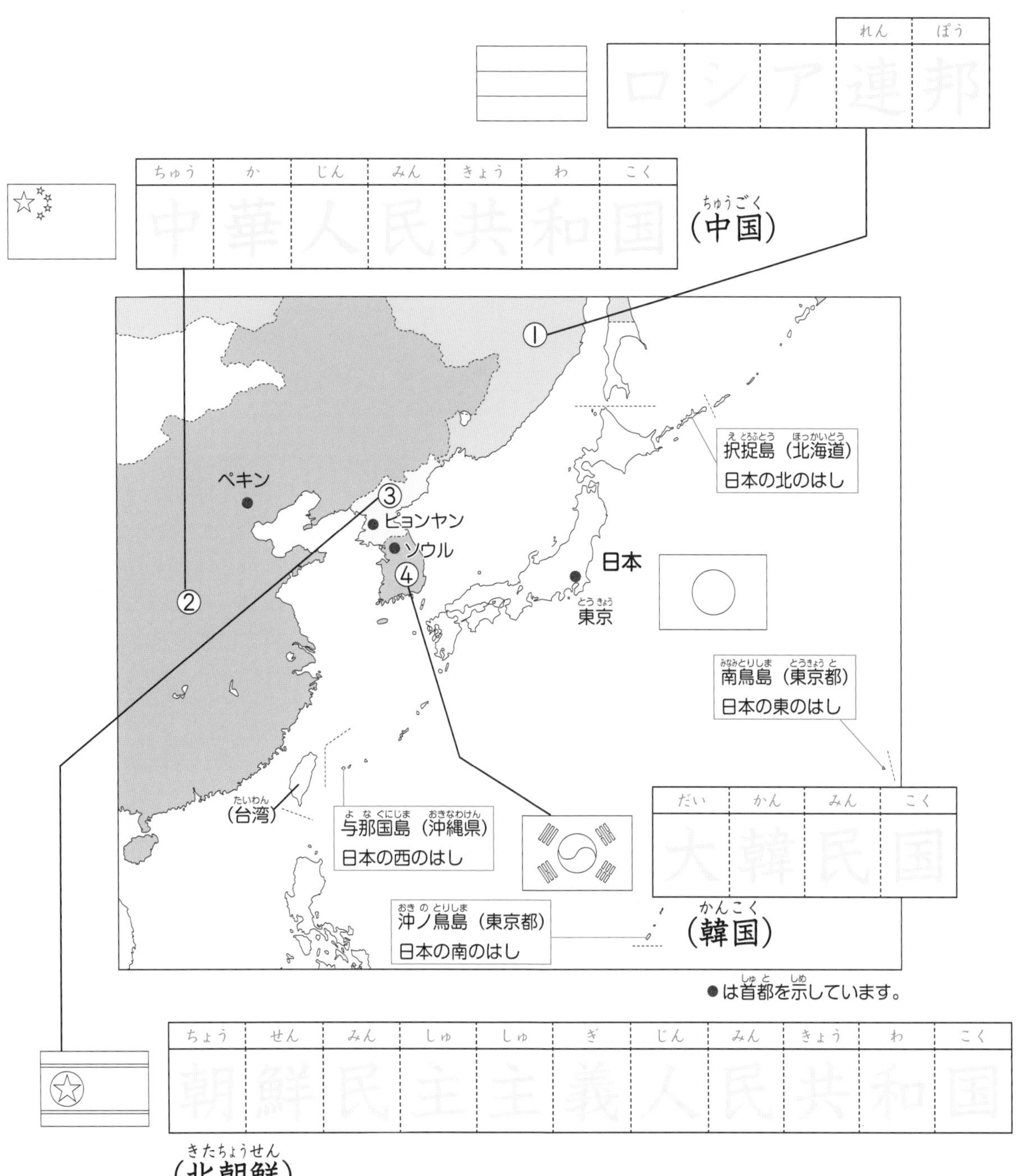

✪次の①～④にあてはまる国々の名前を書き、その国の国旗のシールをはりましょう。また、日本のまわりの国々に、それぞれ好きな色をぬりましょう。

北方領土の返還問題が未解決のままです。

シール ①

略して中国といいます。

シール ②

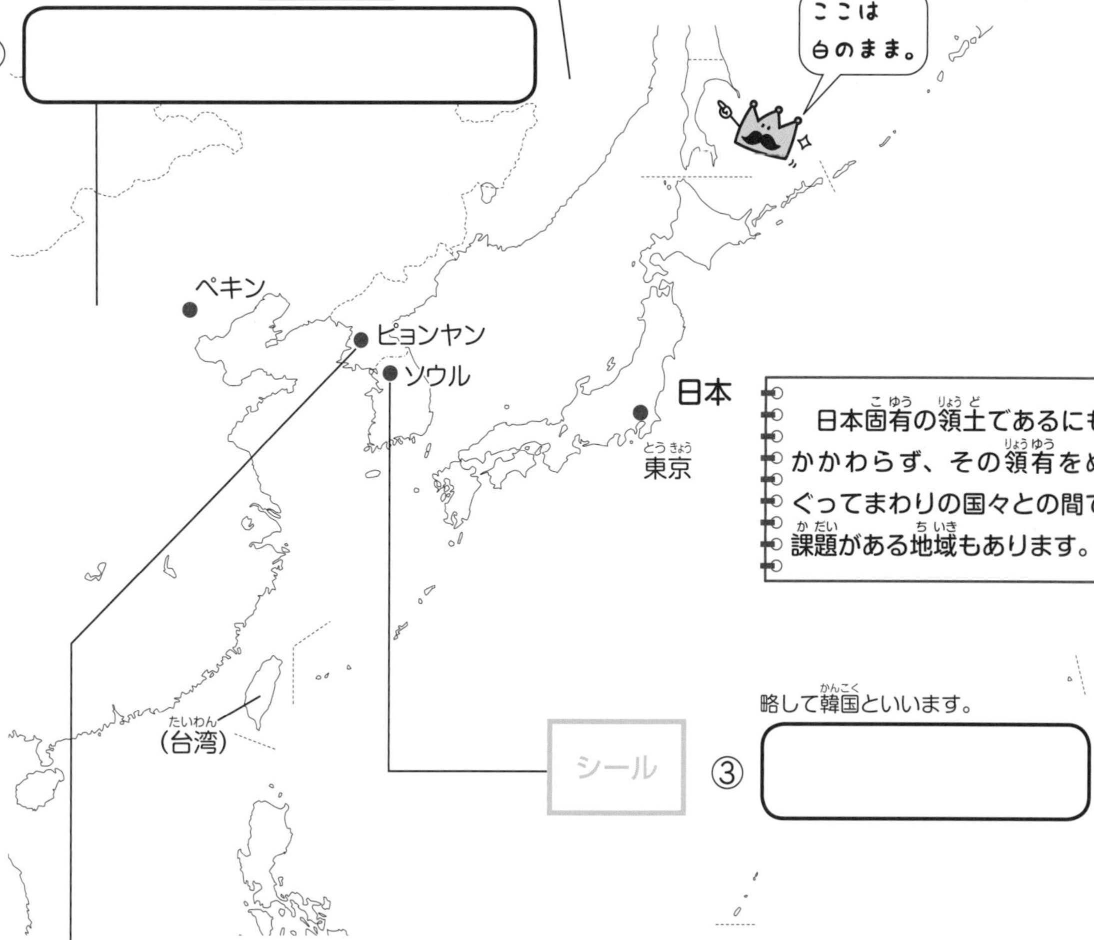

ここは白のまま。

ペキン

ピョンヤン

ソウル

日本

東京

日本固有の領土であるにもかかわらず、その領有をめぐってまわりの国々との間で課題がある地域もあります。

(台湾)

略して韓国といいます。

シール ③

略して北朝鮮といいます。

シール ④

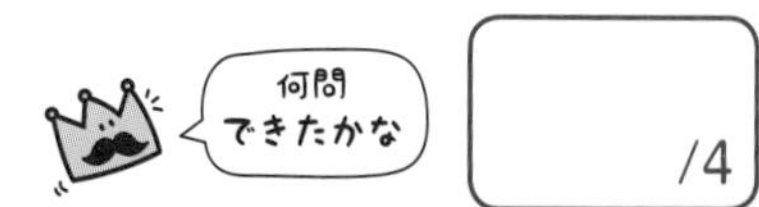

ヒント 中国や北朝鮮の国旗には「星」が使われているよ。

日本とつながりの深い国

月　日　時　分～　時　分

名前

次の①～⑥の日本とつながりの深い国の名前をなぞって覚えましょう。

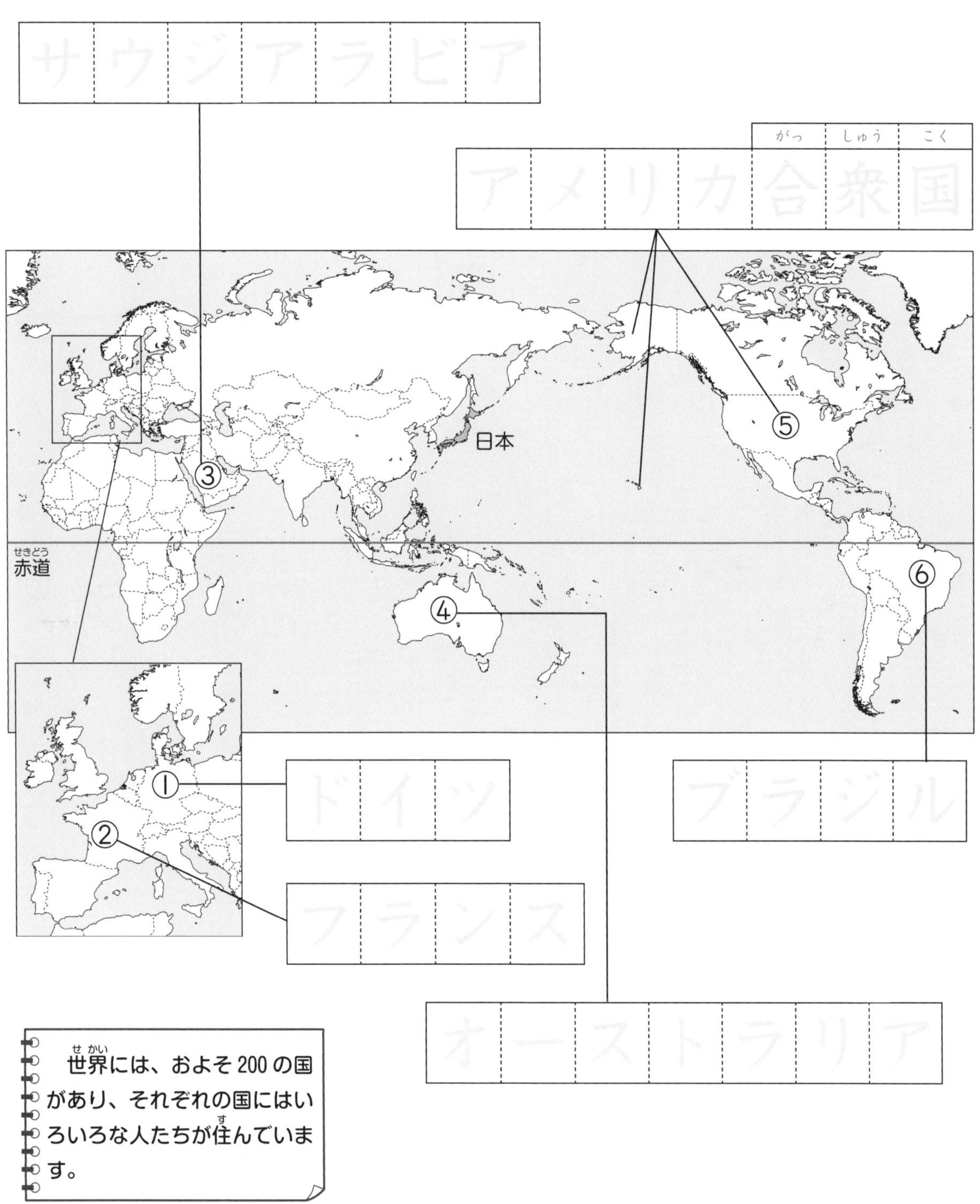

世界には、およそ200の国があり、それぞれの国にはいろいろな人たちが住んでいます。

✪次の①～⑥にあてはまる国の名前を書き、その国の国旗のシールをはりましょう。また、それぞれの国に好きな色をぬりましょう。

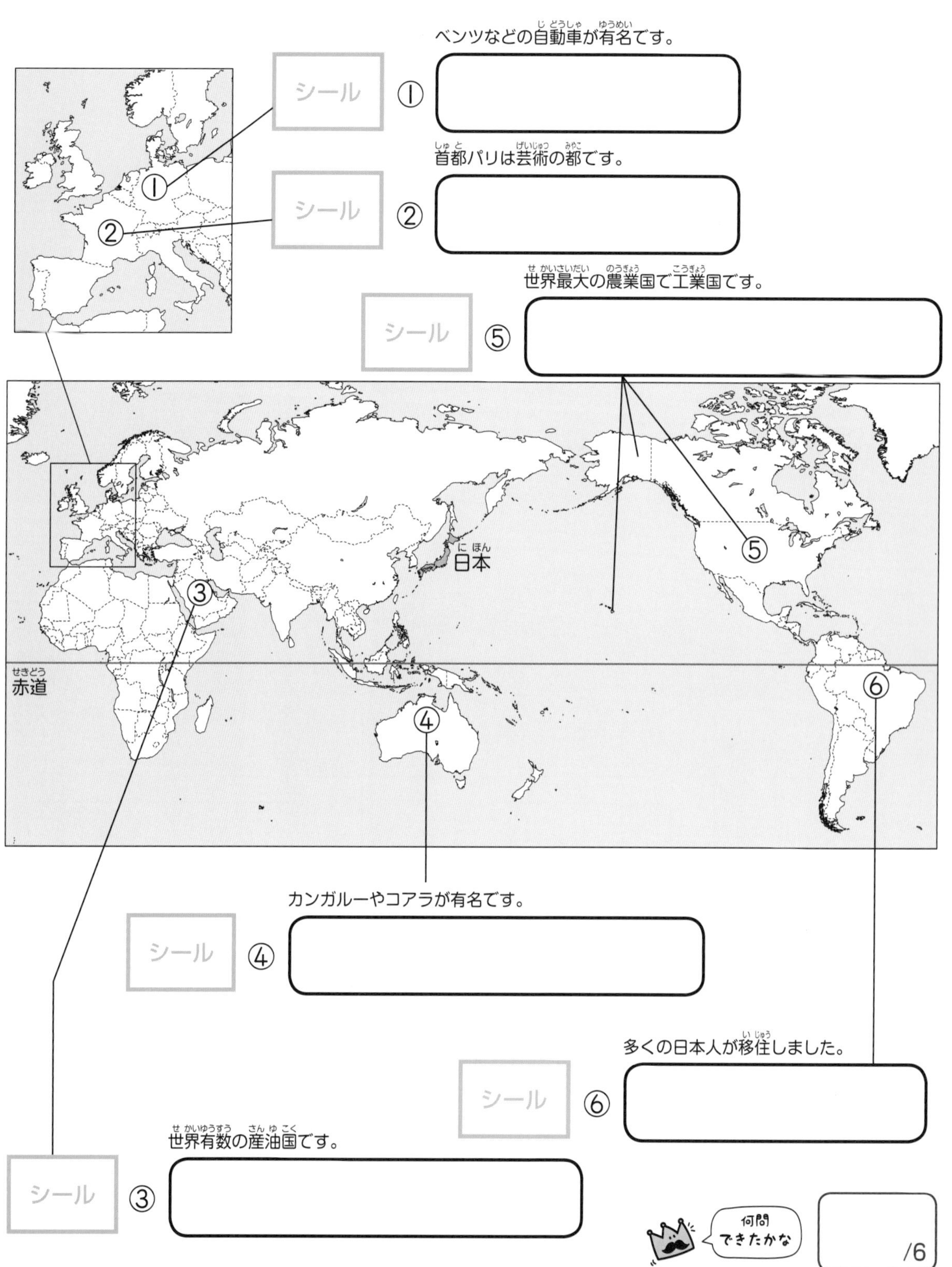

ヒント ブラジルは、地球儀で見ると、ちょうど日本の反対側に位置するよ。

44 ステップアップドリル
歴史地図① ─ 昔の地名

月　日　時　分～　時　分

名前

次の①～⑧の昔の国の名前がついた各地の特産品の名前をなぞって覚えましょう。

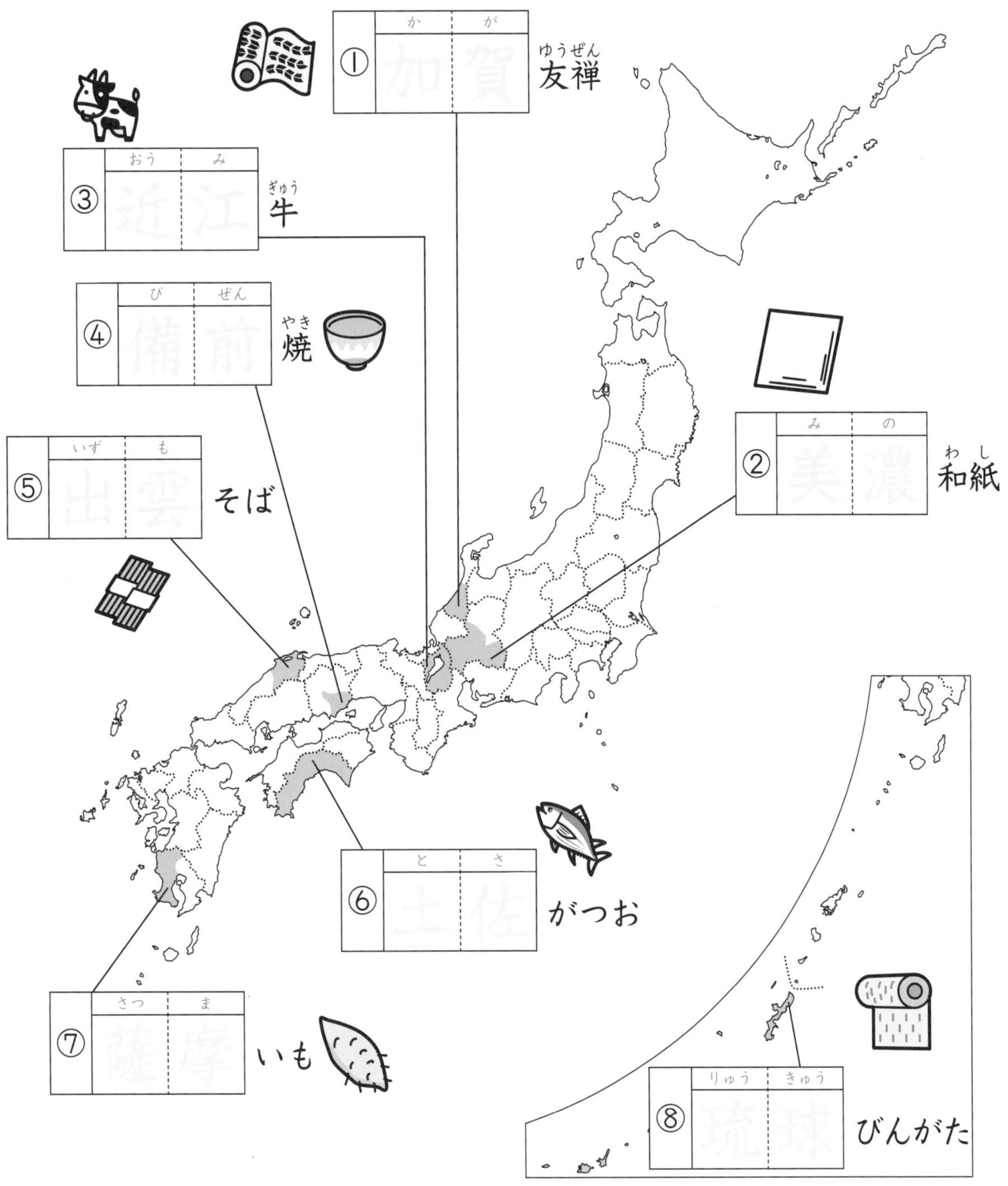

✪次の①～⑧の昔の国の名前がついた特産品は、どこの県のものですか。下の図を見て、右の県名と——で結びましょう。

① 出雲そば	●	●	島根県
② 土佐がつお	●	●	石川県
③ 琉球びんがた	●	●	沖縄県
④ 薩摩いも	●	●	岐阜県
⑤ 近江牛	●	●	高知県
⑥ 備前焼	●	●	滋賀県
⑦ 加賀友禅	●	●	岡山県
⑧ 美濃和紙	●	●	鹿児島県

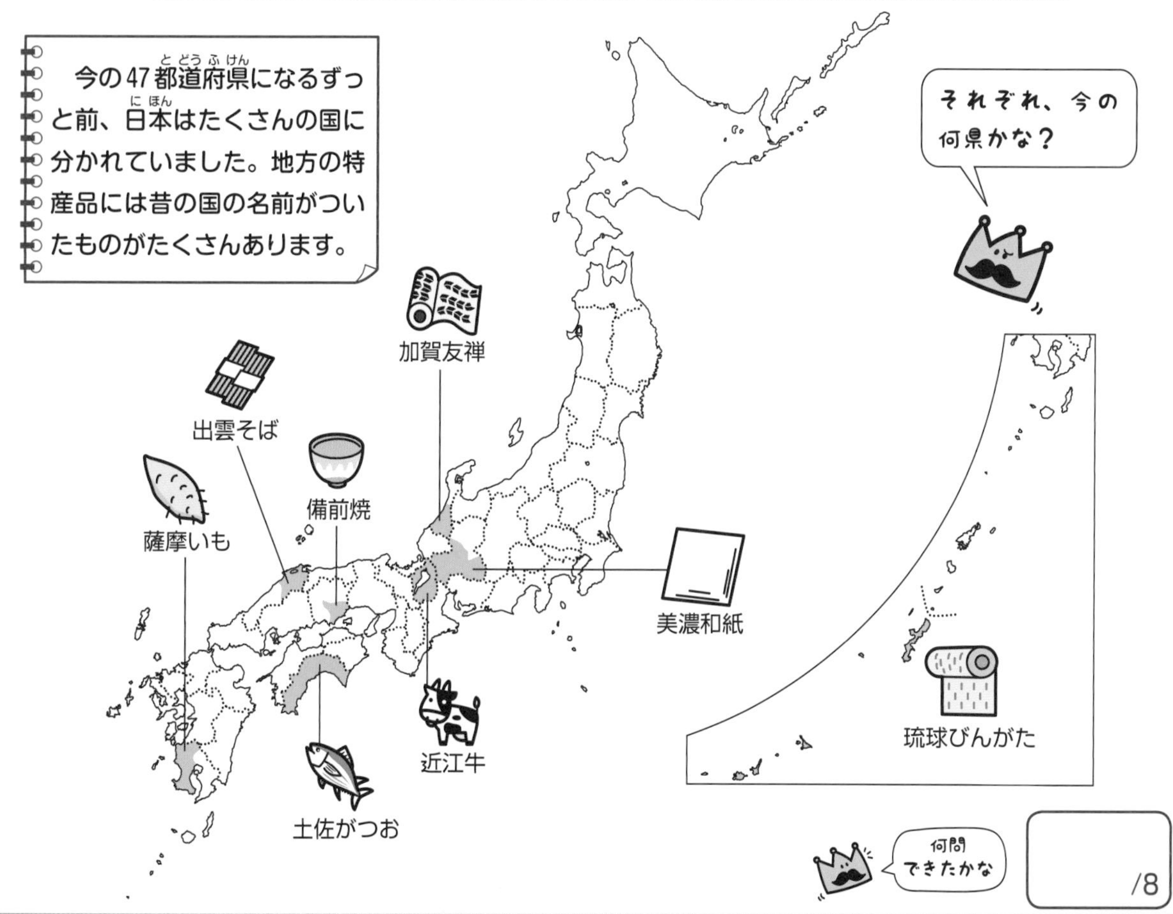

ヒント 薩摩いもは鹿児島県が生産量第１位（2020年）。「薩摩」は昔の国の名前だよ。

歴史地図② ―時代の区切りとなる有名な戦場

月　日　時　分～　時　分
名前

✪次の時代の区切りとなる有名な戦場の名前をなぞって覚えましょう。

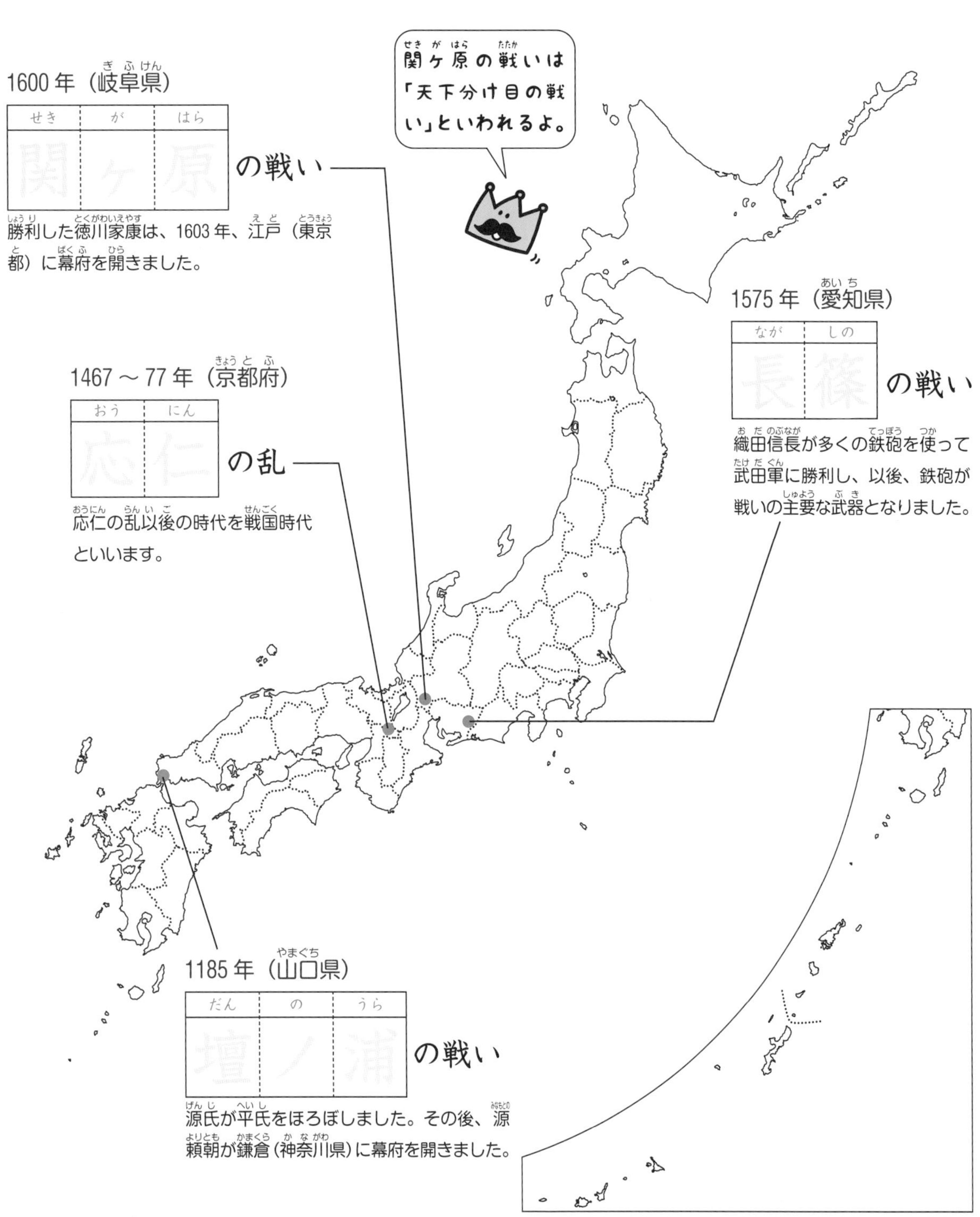

次の①～④にあてはまる、時代の区切りとなる有名な戦場の名前を書きましょう。また、戦場がある府県に、それぞれ好きな色をぬりましょう。

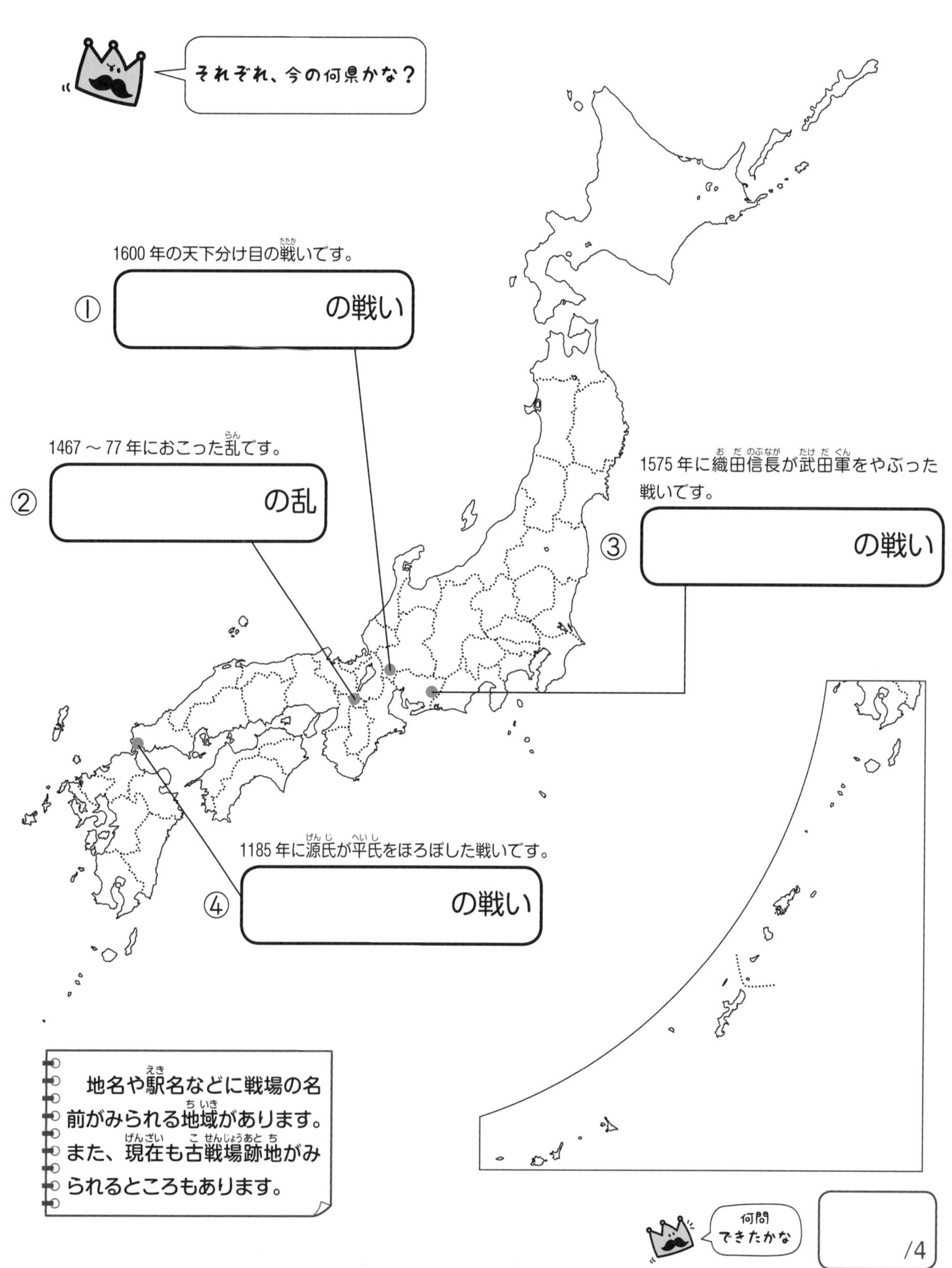

地名や駅名などに戦場の名前がみられる地域があります。また、現在も古戦場跡地がみられるところもあります。

何問できたかな　/4

ヒント 源氏は東国（東日本）、平氏は西国（西日本）に勢力をのばしたよ。

答え 都道府県ドリル

おうちの方へ

手を動かすほど、脳のはたらきは活発になります。

本書は、日本の位置や、都道府県の位置、その形や特色、自然などを、実際に手を動かして色を塗ったり、なぞったり、シールを貼ったりすることによって、地図の基礎的な知識が自然と身につくようになっています。

また、表と裏がペアになった構成で、表面では各テーマごとにまとめた内容の概要(がいよう)をつかみ、裏面で書き込むことによって知識の定着を図ることができるようになっています。

本書は、色塗りなどの作業をすることで、地図の基礎を理解するためのドリルです。

したがって、掲載(けいさい)している地図や国旗などは、塗りやすさ・なぞりやすさや、全体像の把握(はあく)を重視しましたので、実際の地形や国旗などとは多少異なる場合があります。

色を塗る際には、まず周りをなぞってから中を塗るように指導してください。
答えは、本文を縮小した中に赤字で書き込んでいます。下欄の解説部分も参考にしながら、答え合わせをしましょう。

p. 4

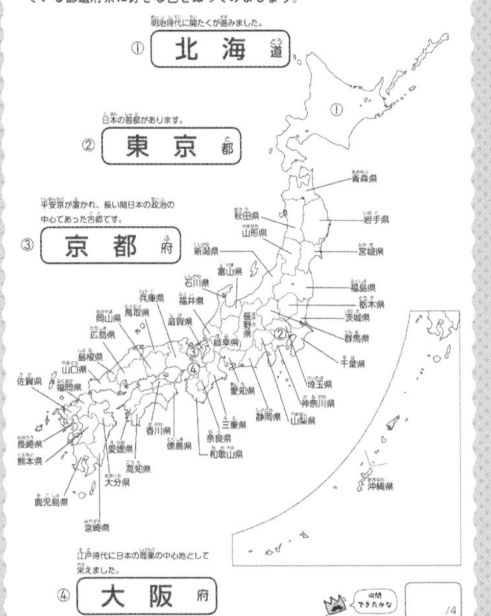

あなたの住んでいる都道府県にきちんと色が塗れましたか。島も忘れずに塗れましたか。あなたの住んでいる都道府県が日本のどのあたりに位置するのかを確認しておきましょう。

p. 6

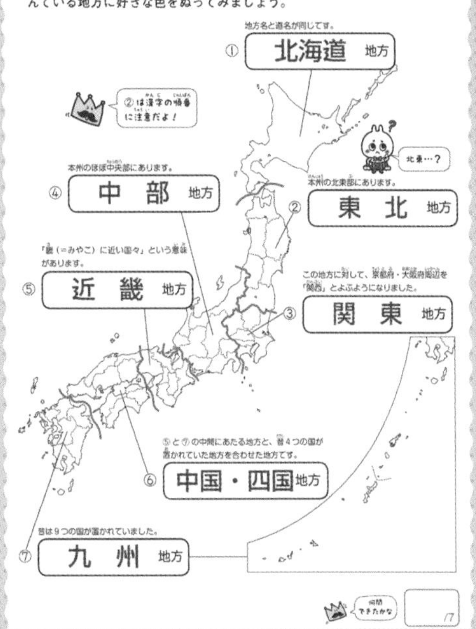

太い線をめやすに7つの地方に色分けできましたか。北海道・本州・四国・九州といった大きな島だけでなく、佐渡島・淡路島・対馬・屋久島・種子島といった島も忘れずに色がぬれていますか。

p.8

次の①～⑪にあてはまる北海道・東北地方の道県名・道県庁所在地名、地域・山脈の名前を書きましょう。

北海道は、もともとアイヌの人々が住んでいました。そのため、アイヌの言葉がもとになった地名が多くあります。

ロシア連邦に返還を求めている島々です。
① 北方領土

畜産水産業がさかんです。
② 北海 道

道庁所在地
③ 札幌 市

なまはげ
米の「あきたこまち」が全国的に人気です。
④ 秋田 県
県庁所在地 秋田市

りんごの生産量日本一（2020年）。
⑤ 青森 県
県庁所在地 青森市

さくらんぼの生産量日本一（2020年）。
⑥ 山形 県
県庁所在地 山形市

南部鉄器が有名です。
⑦ 岩手 県
県庁所在地 盛岡市

三陸海岸

東北地方で最も人口が多い県です。
⑩ 宮城 県

県庁所在地
⑪ 仙台 市

東北地方を東西に分ける山脈です。
⑧ 奥羽 山脈

会津塗が有名です。
⑨ 福島 県
県庁所在地 福島市

/11

東北地方の中央部を走る奥羽山脈を境に、東の太平洋側と西の日本海側では気候が大きく異なるよ。冬になると、日本海側では多くの雪が降り、太平洋側では晴れの日が続くよ。

日本で２番目に大きい島である北海道全域を占める北海道の１道と、本州の北東部を占める東北地方に６つの県があります。北海道の知床半島は世界遺産（自然遺産）に登録されています。

p.9

北海道では広い土地を利用して、畑作や酪農が大規模に行われています。東北地方は日本の穀倉地帯で、くだものづくりにも力を入れており、三陸海岸沖では漁業もさかんです。

p.10

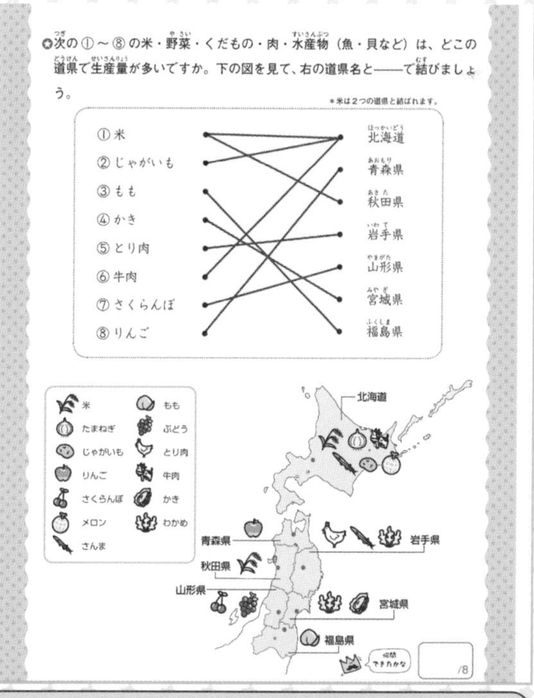

北海道・東北地方では、米・野菜・くだもの・肉・水産物など、さまざまな産物が豊富に生産されています。特に北海道では多くの食料が生産されていることから、日本の食料基地ともよばれます。

p. 8～10 →

p.12

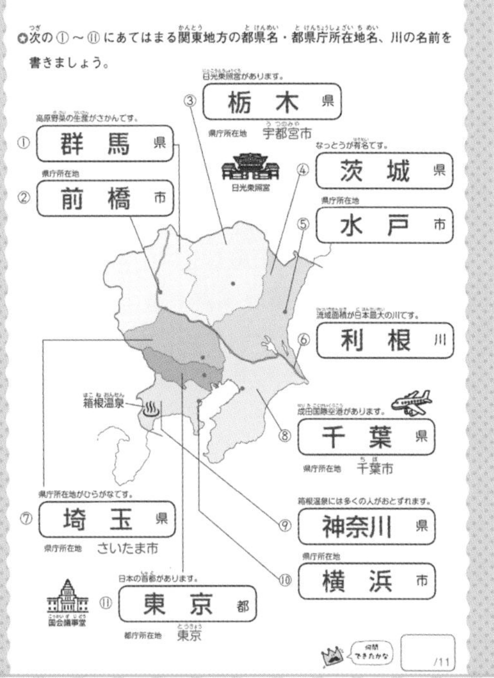

関東地方には日本の総人口の約3分の1が住んでいるんだ。首都である東京にはさまざまな機能が集中し、日本の政治・経済・文化の中心地となっているよ。

関東地方には、東京都の1都と6つの県があります。伊豆諸島や小笠原諸島は東京都に属します。小笠原諸島は世界遺産（自然遺産）に登録されています。

p.13

消費地に近い千葉県や茨城県では、東京大都市圏向けの近郊農業が発達しています。群馬県では、嬬恋村などで高原のすずしい気候を利用した高原野菜の生産がさかんです。

p.14

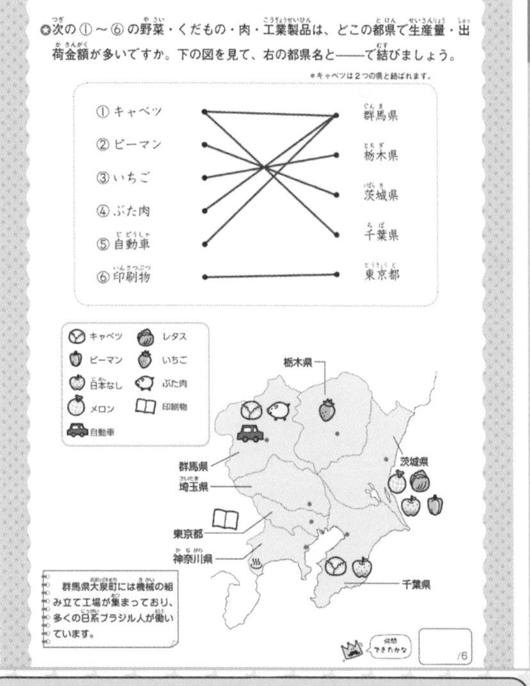

印刷業は、多くの情報が集まる東京都に集中しています。近年は工業地域が関東内陸（北関東）に広がり、製品を運ぶのに便利な高速道路の近くに、機械の組み立て工場がつくられました。

p.12～14

p.16

次の①～⑪にあてはまる中部地方の県名・県庁所在地名、山脈の名前を書きましょう。

① チューリップの球根が有名です。 富山県 県庁所在地 富山市

② 日本有数の米どころです。 新潟県 県庁所在地 新潟市

③ 加賀友禅が有名です。 石川県 県庁所在地 金沢市

④ めがねのわくの生産がさかんです。 福井県 県庁所在地 福井市

⑤ 高原野菜の生産がさかんです。 長野県 県庁所在地 長野市

⑥ 白川郷はこの県にあります。 岐阜県 県庁所在地 岐阜市

⑦ くだものの生産がさかんです。 山梨県

⑧ 県庁所在地 甲府市

⑨ 自動車工業がさかんです。 愛知県 県庁所在地 名古屋市

⑩ 南アルプスともよばれます。 赤石山脈

⑪ ピアノの生産がさかんです。 静岡県 県庁所在地 静岡市

飛驒山脈
信濃川
木曽山脈
濃尾平野
富士山
合しょうづくり

中部地方は東日本と西日本の生活・文化を分ける境界となっているんだ。

何問できたかな /11

気候のちがいを見ると、北陸は冬の寒さが厳しく、雪が多く降るよ。中央高地は一年中雨が少なく、夏と冬の気温の差が大きいんだ。東海は冬でもあたたかく、夏に雨が多く降るよ。

中部地方は、本州の中央部に位置し、９つの県があります。地形・気候など自然環境のちがいから、さらに日本海側の北陸、内陸部の中央高地、太平洋側の東海の３つに分けることができます。

p.17

8 中部地方② ―産業

月 日 時 分～ 時 分 名前

中部地方で生産量が多い米・野菜・くだもの・茶・水産物（魚）にあてはまるシールを、下の地図の県にはりましょう。また、生産がさかんな工業製品を見てみましょう。

＊赤字は生産量全国第１位（2020年、米は2021年）。

米・野菜・くだもの・茶・花・水産物			
新潟県	米	山梨県	ぶどう・もも
長野県	レタス・りんご・ぶどう・もも		
愛知県	キャベツ・きく		
静岡県	茶・みかん・まぐろ・かつお		

＊赤字は出荷金額全国第１位（2019年）。

工業製品	
福井県	めがねのわく
静岡県	ピアノ
愛知県	自動車

東海ではあたたかい気候を利用した野菜・くだもの・花の生産がさかんです。中央高地では盆地でくだもの、高冷地で高原野菜の生産がさかんです。北陸は日本の米どころとなっています。

p.18

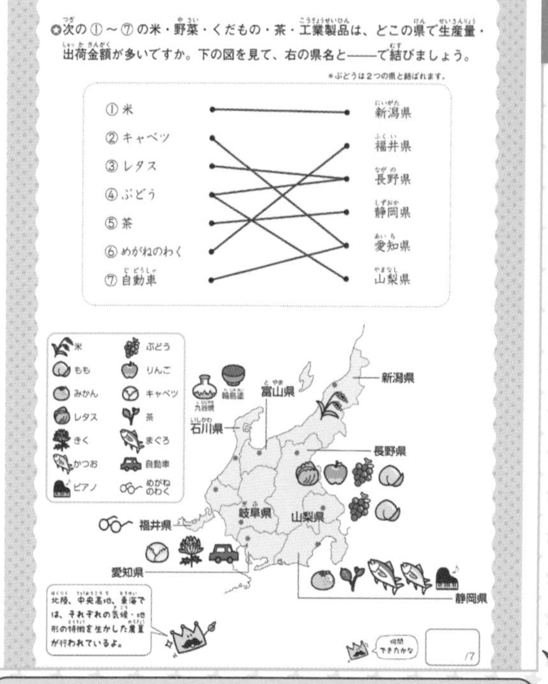

次の①～⑦の米・野菜・くだもの・茶・工業製品は、どこの県で生産量・出荷金額が多いですか。下の図を見て、右の県名と――で結びましょう。

＊ぶどうは２つの県と結ばれます。

① 米 ― 新潟県
② キャベツ ― 愛知県
③ レタス ― 長野県
④ ぶどう ― 長野県・山梨県
⑤ 茶 ― 静岡県
⑥ めがねのわく ― 福井県
⑦ 自動車 ― 愛知県

東海には中京工業地帯・東海工業地域が広がり、重化学工業がさかんです。北陸では地域の特色を生かした地場産業が発達し、伝統的工芸品などがつくられています。

p.19

9 まとめのテスト1

月　日　時　分～　時　分
名前　/100

次の地図を見て、あとの問いに答えましょう。（各3点）

(1) ①～⑫の都道府県名を書きましょう。
(2) ア～ウの7地方区分名を書きましょう。

(1)	①	北海道
	②	秋田県
	③	宮城県
	④	茨城県
	⑤	神奈川県
	⑥	新潟県
	⑦	岐阜県
	⑧	和歌山県
	⑨	鳥取県
	⑩	愛媛県
	⑪	大分県
	⑫	沖縄県
(2)	ア	東北地方
	イ	関東地方
	ウ	近畿地方

教科書や地図帳を見て、47の都道府県の名前と場所を確認しましょう。また、いろいろな都道府県の名所や特産品を調べてみましょう。

p.20

次の地図を見て、あとの問いに答えましょう。（(1)…3点、(2)～(4)…各4点）

(1) ①の地域名を書きましょう。
(2) ②～⑥の山脈・湖・川・平野名を書きましょう。
(3) ア～オの県で生産がさかんな農産物を、次から1つずつ選んで書きましょう。
米　茶　キャベツ　もも　りんご
(4) カ～クの都県で出荷金額が第1位（2019年）の工業製品を、次から1つずつ選んで書きましょう。
印刷物　自動車　めがねのわく

(1)	①	北方領土
	②	奥羽山脈
	③	霞ヶ浦
(2)	④	信濃川
	⑤	木曽山脈
	⑥	濃尾平野
(3)	ア	りんご
	イ	米
	ウ	キャベツ
	エ	もも
	オ	茶
(4)	カ	印刷物
	キ	自動車
	ク	めがねのわく

東日本は、中部地方以東の関東、東北、北海道の各地方をさします。東日本では、ほぼ南北方向に高く険しい山脈がのびている一方で、広大な平野もみられます。

p.22

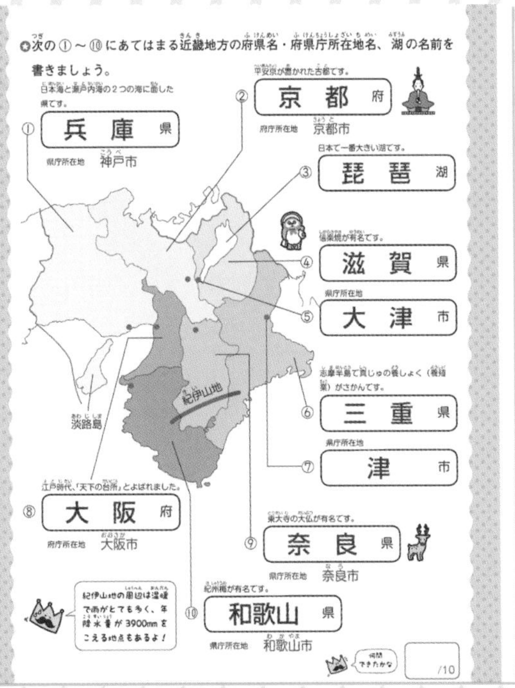

次の①～⑩にあてはまる近畿地方の府県名・府県庁所在地名、湖の名前を書きましょう。

日本海と瀬戸内海の2つの海に面した県です。
① 兵庫 県
県庁所在地 神戸市

平安京が置かれた古都です。
② 京都 府
府庁所在地 京都市

日本で一番大きい湖です。
③ 琵琶 湖

信楽焼が有名です。
④ 滋賀 県
県庁所在地
⑤ 大津 市

志摩半島で真じゅの養しょく（養殖業）がさかんです。
⑥ 三重 県
県庁所在地
⑦ 津 市

江戸時代、「天下の台所」とよばれました。
⑧ 大阪 府
府庁所在地 大阪市

東大寺の大仏が有名です。
⑨ 奈良 県
県庁所在地 奈良市

紀州梅が有名です。
⑩ 和歌山 県
県庁所在地 和歌山市

/10

近畿地方には、２つの府と５つの県があります。淡路島は兵庫県に属します。琵琶湖は、滋賀県の面積の約６分の１を占めています。

近畿地方の北部は冬に雪が多く降るよ。中央部には大阪平野や京都盆地が広がっているんだ。南部は険しい紀伊山地があり、温暖で日本有数の多雨地帯となっているよ。

p.19～22

p.
23

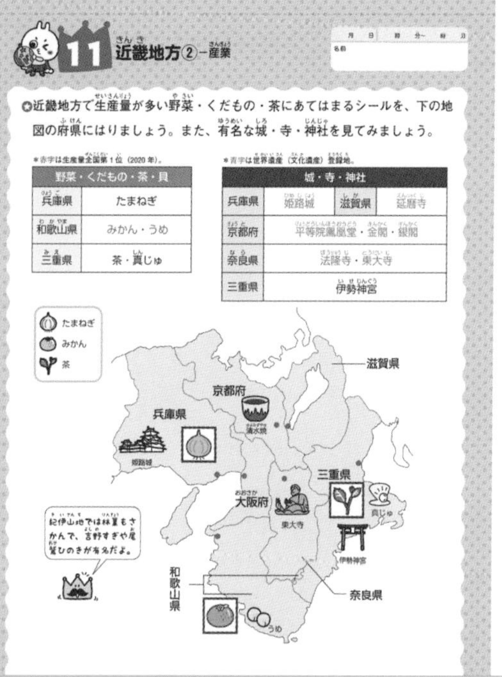

11 近畿地方②―産業

月　日　時　分～　時　分
名前

◎近畿地方で生産量が多い野菜・くだもの・茶にあてはまるシールを、下の地図の府県にはりましょう。また、有名な城・寺・神社を見てみましょう。

＊赤字は生産量全国第1位（2020年）。

野菜・くだもの・茶・貝	
兵庫県	たまねぎ
和歌山県	みかん・うめ
三重県	茶・真じゅ

＊青字は世界遺産（文化遺産）登録地。

城・寺・神社		
兵庫県	姫路城	滋賀県　延暦寺
京都府	平等院鳳凰堂・金閣・銀閣	
奈良県	法隆寺・東大寺	
三重県	伊勢神宮	

三重県では、志摩半島で真珠の養殖がさかんです。和歌山県はみかんが有名ですが、面積の約4分の3を森林が占め、日本有数の林業地帯ともなっています。

p.
24

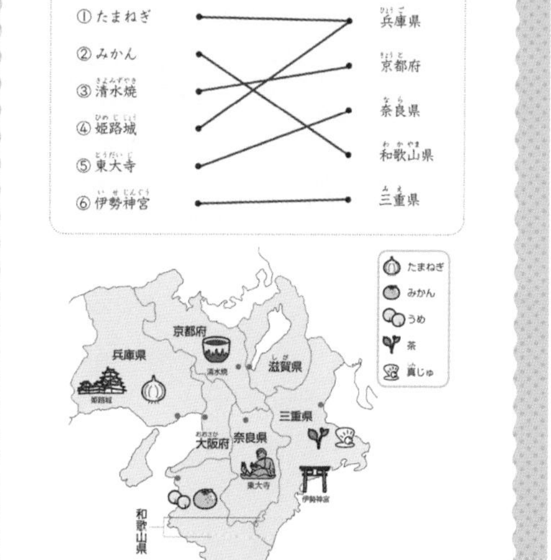

◎次の①～③の野菜・くだもの・工芸品は、どこの府県で生産量が多いですか。また、④～⑥の城・寺・神社は、どこの府県にありますか。下の図を見て、右の府県名と——で結びましょう。

① たまねぎ ―― 兵庫県
② みかん ―― 和歌山県
③ 清水焼 ―― 京都府
④ 姫路城 ―― 兵庫県
⑤ 東大寺 ―― 奈良県
⑥ 伊勢神宮 ―― 三重県

近畿地方は、古代から日本の政治・経済の中心地であったため、さまざまな歴史的建築物が多く残っています。中には、ユネスコの世界遺産（文化遺産）に登録されているものもあります。

p.
26

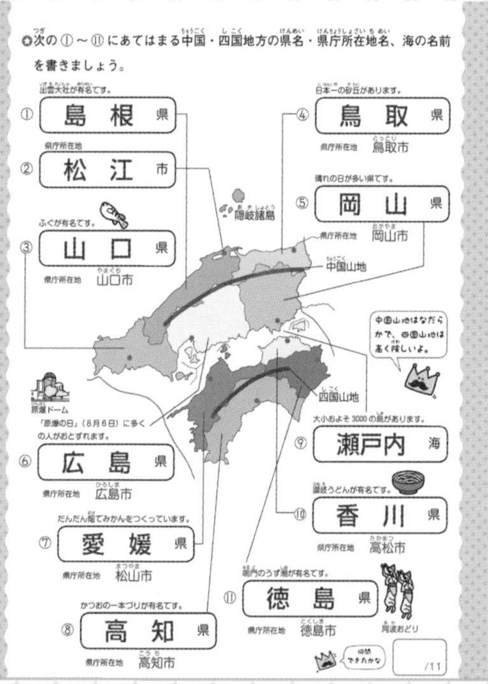

◎次の①～⑪にあてはまる中国・四国地方の県名・県庁所在地名、海の名前を書きましょう。

出雲大社が有名です。
① 島根 県
県庁所在地
② 松江 市
ふぐが有名です。
③ 山口 県
県庁所在地 山口市
日本一の砂丘があります。
④ 鳥取 県
県庁所在地 鳥取市
晴れの日が多い県です。
⑤ 岡山 県
県庁所在地 岡山市
原爆ドーム
「原爆の日」（8月6日）に多くの人がおとずれます。
⑥ 広島 県
県庁所在地 広島市
だんだん畑でみかんをつくっています。
⑦ 愛媛 県
県庁所在地 松山市
かつおの一本づりが有名です。
⑧ 高知 県
県庁所在地 高知市
大小およそ3000の島があります。
⑨ 瀬戸内 海
讃岐うどんが有名です。
⑩ 香川 県
県庁所在地 高松市
鳴門のうず潮が有名です。
⑪ 徳島 県
県庁所在地 徳島市
阿波おどり

中国・四国地方には、中国地方に5つ、四国地方に4つの県があります。さらに、中国山地の北側の山陰、中国山地と四国山地の間の瀬戸内、四国山地の南側の南四国の3つに分けることができます。

山陰は冬に雪が多く降り、南四国は一年中温暖で夏に雨が多く降るよ。2つの山地にはさまれた瀬戸内は一年中雨が少なく温暖で、ため池をつくって農業用水を確保してきたんだ。

p.23～26 →

p.27

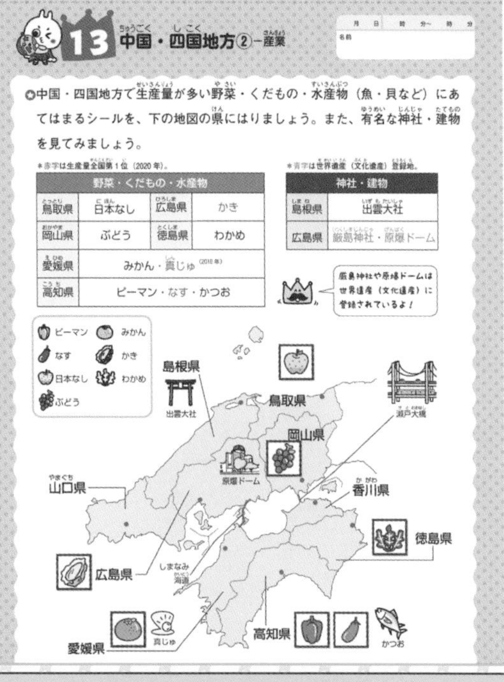

p.28

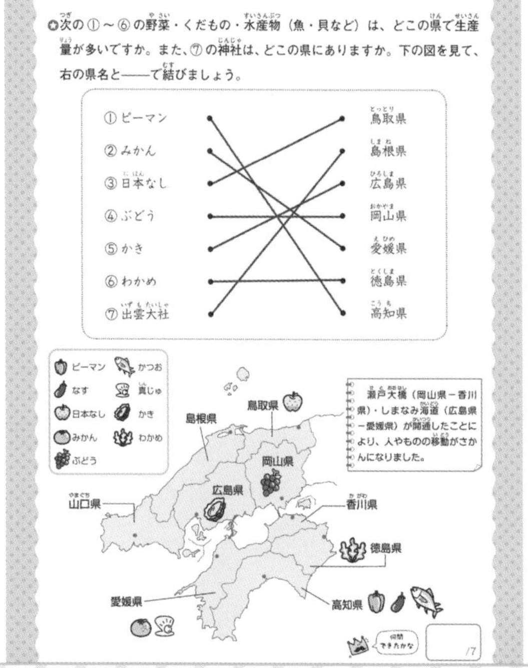

日本海に面した県では漁業がさかんです。瀬戸内海に面した県ではくだものの生産やかき・真珠などの養殖（養殖業）がさかんです。太平洋に面した高知県では野菜の促成栽培がさかんです。

本州と四国を結ぶ本州四国連絡橋の開通により、四国地方の農産物を、大阪や東京など遠くの市場にも出荷することができるようになりました。

p.30

◎次の①～⑪にあてはまる九州地方の県名・県庁所在地名、山・島の名前を書きましょう。

のりの養しょく（養殖業）がさかんです。
① 佐賀 県　県庁所在地 佐賀市

九州地方の中心です。
② 福岡 県　県庁所在地 福岡市

島の数の多さは日本一です。
③ 長崎 県　県庁所在地 長崎市

有名な温泉がたくさんあります。
④ 大分 県　県庁所在地 大分市

世界最大級のカルデラがあります。
⑤ 阿蘇 山

「火の国」ともよばれます。
⑥ 熊本 県　県庁所在地 熊本市

野菜の促成さいばいがさかんです。
⑦ 宮崎 県　県庁所在地 宮崎市

火山灰が積もった台地
シラス台地で畜産業がさかんです。
⑧ 鹿児島 県　県庁所在地 鹿児島市

縄文すぎが有名です。
⑨ 屋久 島

さんごしょうの海がきれいです。
⑩ 沖縄 県

⑪ 県庁所在地 那覇 市

対馬　雲仙岳（普賢岳）　博多人形　桜島　宇宙センター　種子島　シーサー

種子島には、日本最大のロケット発射場である JAXA（宇宙航空研究開発機構）の宇宙センターがあります。多くの人工衛星がここから打ち上げられています。

＊縮尺は同じではありません。

何問できたかな /11

九州は、かつて9つの国に分かれていたことからこの名がつきました。現在、九州地方には沖縄県をふくめて8つの県があります。沖縄県はかつて琉球王国という独立した国でした。

九州地方には多くの火山があるよ。火山は噴火すると大きな被害が出ることもあるけど、一方で、温泉や地熱による発電などのめぐみももたらしているんだ。

← p.27～30

p.31

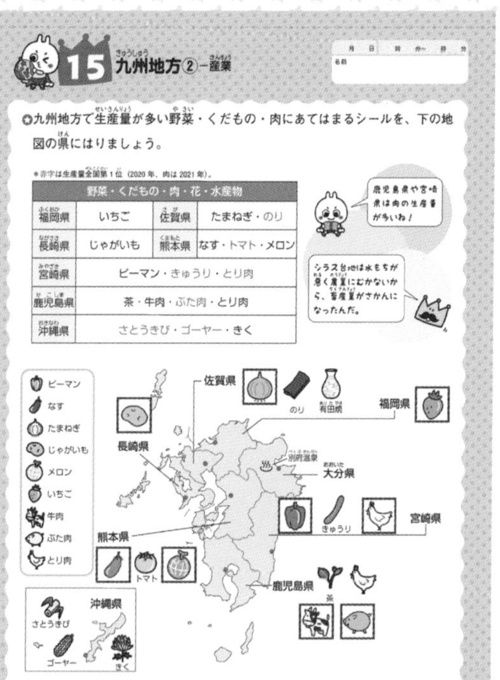

15 九州地方② ー産業

月　日　時　分～　時　分
名前

◎九州地方で生産量が多い野菜・くだもの・肉にあてはまるシールを、下の地図の県にはりましょう。

＊赤字は生産量全国第1位（2020年、肉は2021年）。

野菜・くだもの・肉・花・水産物			
福岡県	いちご	佐賀県	たまねぎ・のり
長崎県	じゃがいも	熊本県	なす・トマト・メロン
宮崎県	ピーマン・きゅうり・とり肉		
鹿児島県	茶・牛肉・ぶた肉・とり肉		
沖縄県	さとうきび・ゴーヤー・きく		

p.32

◎次の①～⑦の野菜・くだもの・肉・水産物（のり）は、どこの県で生産量が多いですか。また、⑧の温泉は、どこの県にありますか。下の図を見て、右の県名と——で結びましょう。

＊とり肉は２つの県と結ばれます。

①じゃがいも	福岡県
②トマト	佐賀県
③いちご	長崎県
④さとうきび	大分県
⑤のり	熊本県
⑥ぶた肉	宮崎県
⑦とり肉	鹿児島県
⑧別府温泉	沖縄県

ピーマン　メロン　なす　いちご　きゅうり　茶　トマト　牛肉　たまねぎ　ぶた肉　じゃがいも　とり肉

佐賀県　のり　福岡県　長崎県　別府温泉　大分県　熊本県　宮崎県　鹿児島県　さとうきび　ゴーヤー　きく　沖縄県

何問できたかな　/8

九州地方では、北部の筑紫平野で米、温暖な宮崎平野で野菜の促成栽培がさかんです。九州南部に広がる、火山灰が積もってできたシラス台地では畜産業がさかんです。

温泉の多い大分県、江戸時代に外国貿易で栄えた長崎県、豊かな自然環境が広がる沖縄県では観光業もさかんです。また、沖縄県では県の面積の約８％を米軍基地が占めています（2022年）。

p.33

16 まとめのテスト2

月　日　時　分～　時　分
名前　/100

◎次の地図を見て、あとの問いに答えましょう。　（各4点）

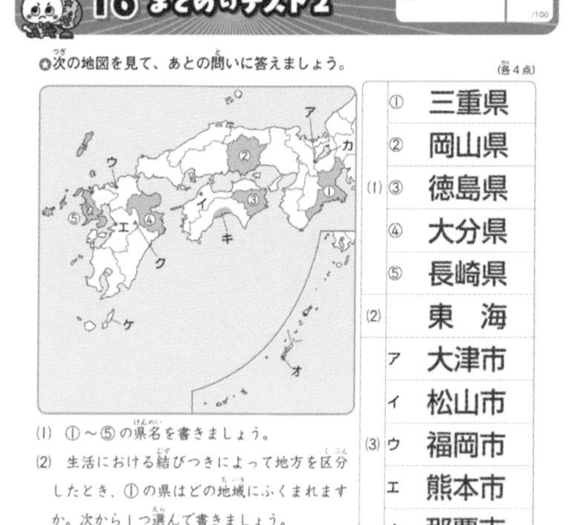

(1)	①	三重県
	②	岡山県
	③	徳島県
	④	大分県
	⑤	長崎県
(2)		東　海
(3)	ア	大津市
	イ	松山市
	ウ	福岡市
	エ	熊本市
	オ	那覇市
(4)	カ	琵琶湖
	キ	高知平野
	ク	阿蘇山
	ケ	種子島

(1) ①～⑤の県名を書きましょう。
(2) 生活における結びつきによって地方を区分したとき、①の県はどの地域にふくまれますか。次から１つ選んで書きましょう。
瀬戸内　東海　北陸
(3) ア～オの県庁所在地名を書きましょう。
(4) カ～ケの湖・平野・山・島の名前を書きましょう。

p.34

◎次の地図を見て、あとの問いに答えましょう。　（各4点）

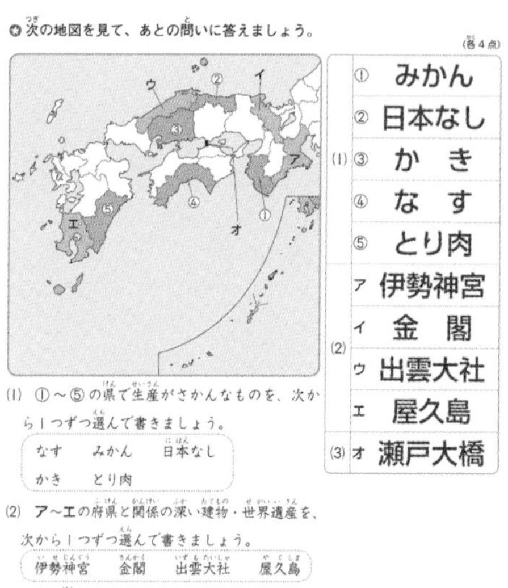

(1)	①	みかん
	②	日本なし
	③	か　き
	④	な　す
	⑤	とり肉
(2)	ア	伊勢神宮
	イ	金　閣
	ウ	出雲大社
	エ	屋久島
(3)	オ	瀬戸大橋

(1) ①～⑤の県で生産がさかんなものを、次から１つずつ選んで書きましょう。
なす　みかん　日本なし　かき　とり肉
(2) ア～エの府県と関係の深い建物・世界遺産を、次から１つずつ選んで書きましょう。
伊勢神宮　金閣　出雲大社　屋久島
(3) オの橋の名前を書きましょう。

西日本は、中部地方以西の近畿、中国・四国、九州の各地方をさします。ほぼ東西方向に比較的なだらかな山地がのびています。

本州四国連絡橋の３つのルートは、瀬戸大橋（岡山県－香川県）、しまなみ海道（広島県－愛媛県）、明石海峡大橋（兵庫県）のように、橋と県の名前をセットで覚えましょう。

p. 35

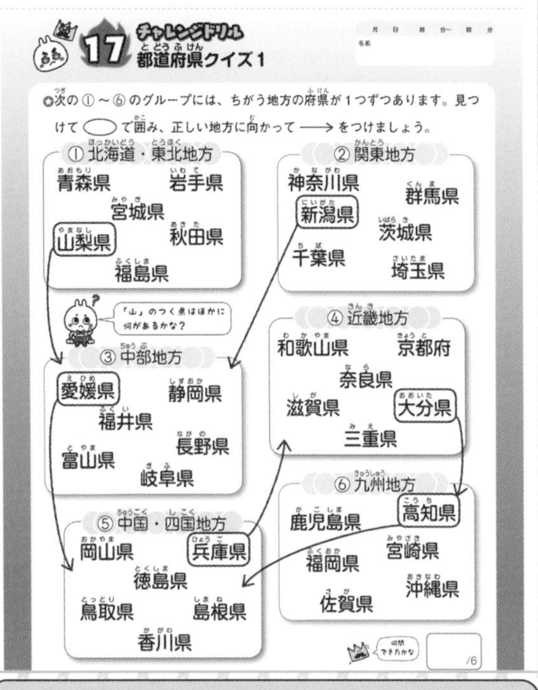

①～⑥のグループにあるそれぞれの都道府県について、一つずつ確認していきましょう。
「山」のつく県、「福」のつく県など、似た名前の都道府県に注意しましょう。

p. 36

次の指示の都府県を選んで、下の迷路をゴールまで進みましょう。

島根県 → 和歌山県 → 東京都 → 大阪府 → 高知県 → 秋田県 → 鹿児島県 → 石川県 → 福島県 → 滋賀県 → 長崎県

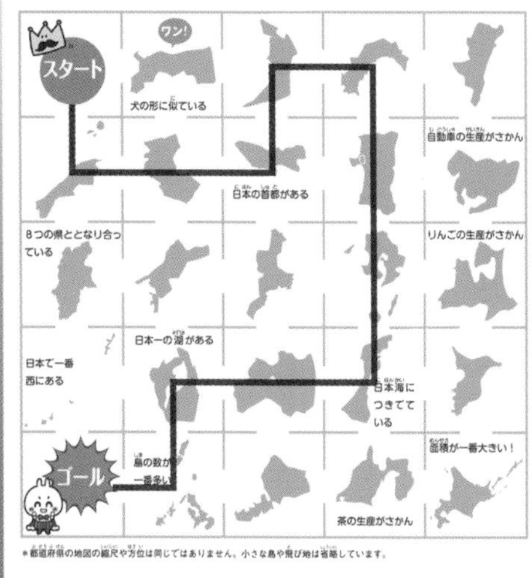

問題文の指示にあるそれぞれの都府県について、一つずつ形を確認していきましょう。半島や湾、島や湖などの地形の特徴や、迷路中にあるヒントに注目しましょう。

p. 38

次の①～⑨にあてはまる都道府県庁所在地名を書きましょう。また、都道府県名と異なる都道府県庁所在地は、全部でいくつありますか。

全部で 18

① 北海道 札幌市
② 岩手県 盛岡市
③ 埼玉県 さいたま市
④ 石川県 金沢市
⑤ 三重県 津市
⑥ 滋賀県 大津市
⑦ 島根県 松江市
⑧ 愛媛県 松山市
⑨ 沖縄県 那覇市

何問できたかな /10

都道府県名と都道府県庁所在地名が異なる例の一つに「埼玉県」があります。県名は漢字ですが、県庁所在地名はひらがなで「さいたま市」です。漢字で書かないように注意しましょう。

p. 40

次の①～⑧にあてはまる海なし県の名前を書き、それぞれ好きな色をぬりましょう。

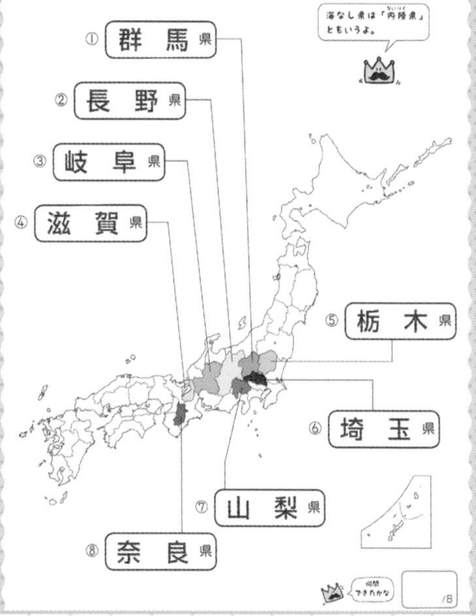

海のない県は全部で８つありますが、奈良県以外の県はすべてとなり合っていることに気づきましたか。また長野県は、８つの県と接していて、日本一多くの県と接する県です。

p.42

次の①～⑥にあてはまる都道府県名を書きましょう。また、県名に「山」「川」「島」という漢字のつく県は、それぞれいくつありますか。

「山」のつく県 6 つ　「川」のつく県 3 つ

「島」のつく県 5 つ

①「山」のつく県 山形県
②「島」のつく県 福島県
③「川」のつく県 神奈川県
④「山」のつく県 岡山県
⑤「川」のつく県 香川県
⑥「島」のつく県 鹿児島県

何問できたかな　/9

「山」という漢字のつく県は6つ、「川」という漢字のつく県は3つ、「島」という漢字のつく県は5つあります。

p.44

次の□にあてはまる都道府県名を書きましょう。また、面積の大きい都道府県には青色、面積の小さい都道府県には赤色をぬりましょう。

(2020年現在)

面積の小さい都道府県
第1位 香川県
第2位 大阪府
第3位 東京都

人口の多い都道府県では、東京都が第1位だよ！

何問できたかな　/6

人口の多い都道府県だと、東京都は第1位、大阪府は第3位になります。面積の小さい県に、日本の人口の多くが集中していることも合わせて確認しておきましょう。

p.45

22 まとめのテスト3

月　日　時　分～　時　分　名前　/100

次の地図を見て、あとの問いに答えましょう。　(各4点)

(1) ①～⑦の県庁所在地名を書きましょう。
(2) ア～カは海なし県です。ア～カの都道府県名を書きましょう。

都道府県名と異なる市は全部で18あります。これは、明治維新の際、新政府に賛成の藩は同一市名（福島・山形・福井・和歌山県は例外）、反対だった藩は異なる市名にしたという説もあります。

p.46

次の地図を見て、あとの問いに答えましょう。

((1)～(3)…各4点、(4)・(5)…各8点)

(1) ①～③は「山」という漢字のつく県です。①～③の都道府県名を書きましょう。
(2) ④・⑤は「川」という漢字のつく県です。④・⑤の都道府県名を書きましょう。
(3) ⑥～⑧は「島」という漢字のつく県です。⑥～⑧の都道府県名を書きましょう。
(4) 面積が一番大きい都道府県名を書きましょう。
(5) 面積が一番小さい都道府県名を書きましょう。

①～⑧以外の「山」「川」「島」という漢字のつく県も確認しておきましょう。

北海道の面積は、最も面積の小さい香川県の40倍以上もあります。

p.48

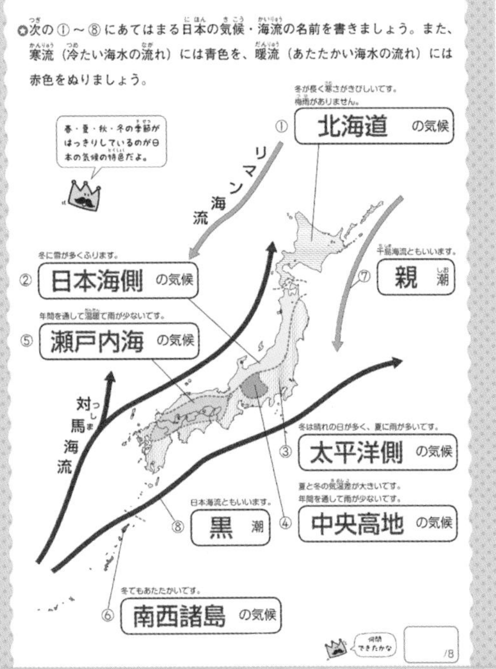

太平洋側では、太平洋から吹くあたたかい南東季節風の影響で夏に雨が多く、日本海側では、冬に日本海の湿気を含んだ冷たい北西季節風の影響で雪が多く降ります。

p.50

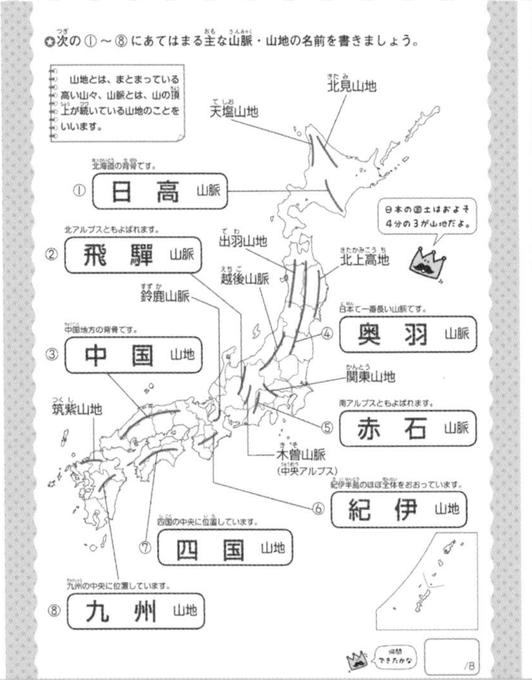

山脈・山地は、東日本では主にたてに、西日本では主に横に走っています。これは、日本列島が新潟県南西部と静岡県を結んだ線のあたりで折れ曲がったような形になっているからです。

p.52

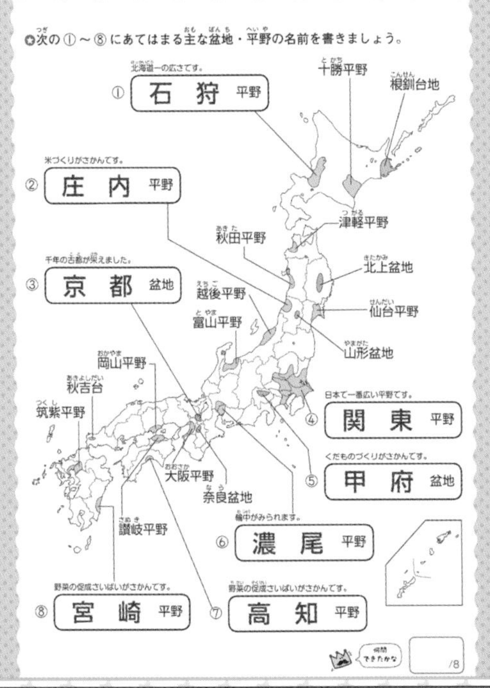

海に面している低くて平らな土地を平野といいます。まわりを山地で囲まれた、低くて平らな土地を盆地といいます。平地の中でまわりより高くて平らな土地を台地といいます。

p.54

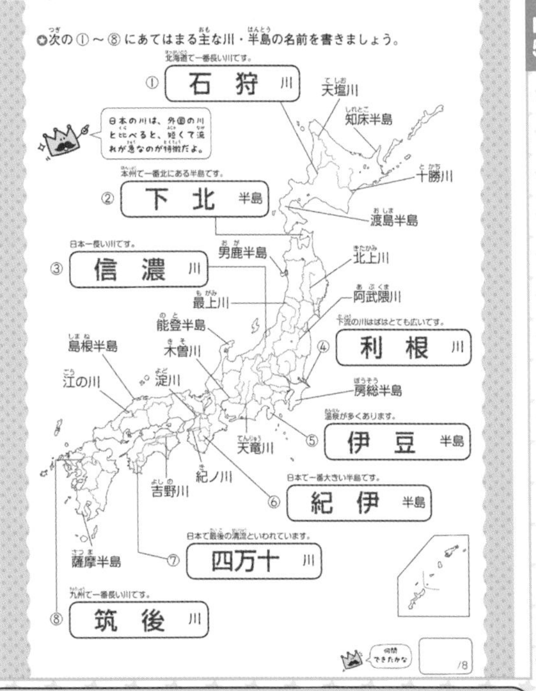

日本の川は、世界の川と比べて短くて流れが急なのが特徴です。

海に向かって突き出した陸地を半島といいます。半島の形とその半島がある県の位置を確認しましょう。

p.55

◎次の地図を見て、あとの問いに答えましょう。 （各5点）

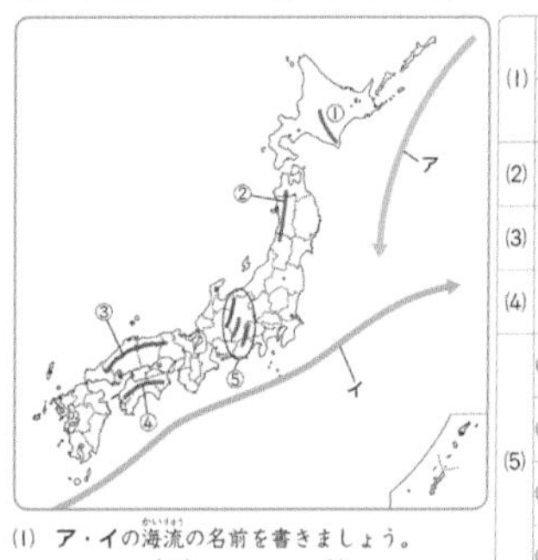

(1)	ア	親潮（千島海流）
	イ	黒潮（日本海流）
(2)		北海道の気候
(3)		日本海側の気候
(4)		瀬戸内海の気候
(5)	①	日高山脈
	②	出羽山地
	③	中国山地
	④	四国山地
(6)		日本アルプス

(1) ア・イの海流の名前を書きましょう。

(2) ①がある地域は、冬が長く寒さがきびしいです。この地域の気候の名前を書きましょう。

(3) ②がある地域は冬に雪が多くふります。この地域の気候の名前を書きましょう。

(4) ③と④に囲まれた地域は年間を通して温暖で雨が少ないです。この地域の気候の名前を書きましょう。

(5) ①～④の山脈・山地の名前を書きましょう。

(6) ⑤の3つの山脈を合わせて何といいますか。

日本では、南はあたたかく、北は寒いという気候の特徴があります。日本アルプス（飛騨山脈・木曽山脈・赤石山脈）のある地域では、夏と冬の気温差が大きい中央高地の気候がみられます。

p.56

◎次の地図を見て、あとの問いに答えましょう。 （(1)・(2)…各4点、(3)…各5点）

(1)	①	十勝平野
	②	北上盆地
	③	庄内平野
	④	関東平野
	⑤	甲府盆地
	⑥	宮崎平野
(2)	⑦	石狩川
	⑧	信濃川
	⑨	四万十川
	⑩	筑後川
(3)	ア	下北半島
	イ	紀伊半島

(1) ①～⑥の平野・盆地の名前を書きましょう。

(2) ⑦～⑩の川の名前を書きましょう。

(3) ア・イの半島の名前を書きましょう。

川の名前と流域に広がっている平野の名前は、石狩川と石狩平野、信濃川と越後平野、利根川と関東平野、筑後川と筑紫平野など、セットにして確認しておきましょう。

p.57

28 チャレンジドリル 都道府県クイズ2

◎正しい都道府県の県庁所在地を選んで、ゴールまで進みましょう。

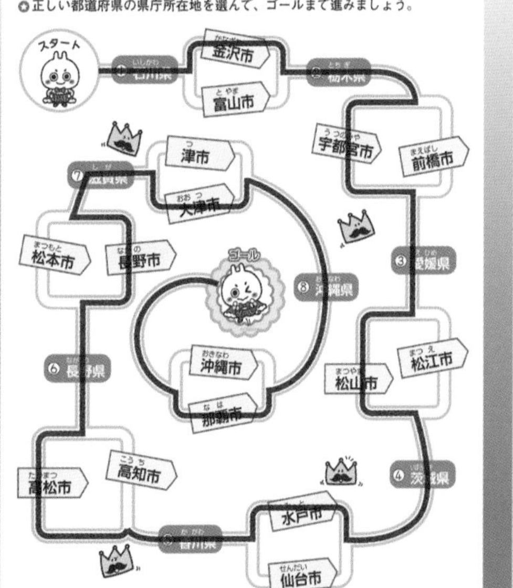

松山市（愛媛県）と松江市（島根県）、大津市（滋賀県）と津市（三重県）など、名前の似ている県庁所在地に注意しましょう。

p.58

◎次の①～⑥のグループについて、ふきだしの内容にあてはまる都道府県の地図を◯で囲みましょう。

主な山脈・山地、盆地、平野、川、半島などが、どの地方や都道府県に分布するのか、それぞれの特徴をおさえたうえで確認しておきましょう。

p.59

29 農業のさかんな都道府県

月　日　時　分～　時　分
名前

◎米・野菜・くだものについて、生産量が多い道県を次の表にまとめました。この表を見て、あてはまるシールを、下の地図の道県にはりましょう。

＊赤字は生産量全国第1位（2020年、米は2021年）。

	第1位	第2位	第3位		第1位	第2位	第3位
米	新潟県	北海道	秋田県	りんご	青森県	長野県	岩手県
キャベツ	愛知県	群馬県	千葉県	もも	山梨県	福島県	長野県
ピーマン	茨城県	宮崎県	高知県	みかん	和歌山県	静岡県	愛媛県

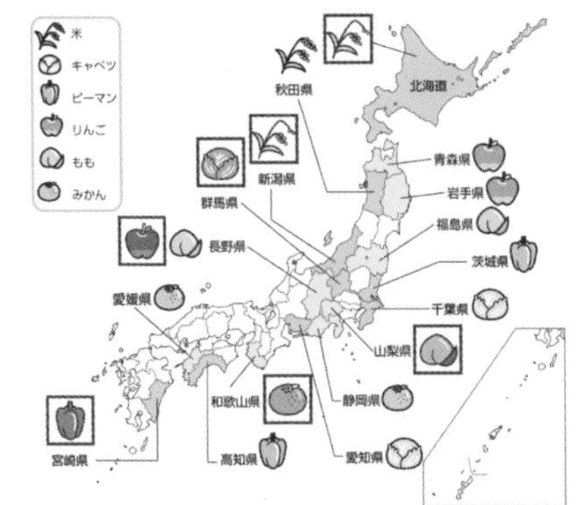

米は日本海側の平野を中心に生産がさかんです。りんごはすずしい気候の地域で、もも・ぶどうは内陸の盆地で、みかんはあたたかく日あたりのよい斜面で生産がさかんです。

p.60

◎米・野菜・くだものについて、生産量が多い道県を次の表にまとめました。下の図を見て、①～⑥にあてはまる道県名を書きましょう。

（2020年、米は2021年）

	第1位	第2位	第3位
米	新潟県	① 北海道	秋田県
キャベツ	② 愛知県	群馬県	千葉県
ピーマン	茨城県	宮崎県	③ 高知県
りんご	④ 青森県	長野県	岩手県
もも	山梨県	⑤ 福島県	長野県
みかん	和歌山県	静岡県	⑥ 愛媛県

りんごはすずしい県、みかんはあたたかい県で生産量が多いね！

それぞれの地域の地形や気候に合った農産物がつくられているよ。

何問できたかな　/6

高知県・宮崎県では冬のあたたかい気候を利用して作物の出荷時期を早める促成栽培が、群馬県・長野県では夏のすずしい気候を利用して作物の出荷時期を遅らせる抑制栽培が行われています。

p.61

30 畜産業のさかんな都道府県

月　日　時　分～　時　分
名前

◎肉・生乳・たまごについて、生産量が多い道県を次の表にまとめました。この表を見て、あてはまるシールを、下の地図の道県にはりましょう。

＊赤字は生産量全国第1位（2020年、肉は2021年）。

	第1位	第2位	第3位		第1位	第2位	第3位
牛肉	北海道	鹿児島県	宮崎県	生乳	北海道	栃木県	熊本県
ぶた肉	鹿児島県	宮崎県	北海道	たまご	茨城県	鹿児島県	千葉県
とり肉	宮崎県	鹿児島県	岩手県				

生乳：牛乳などに加工される前の、牛からしぼった乳。

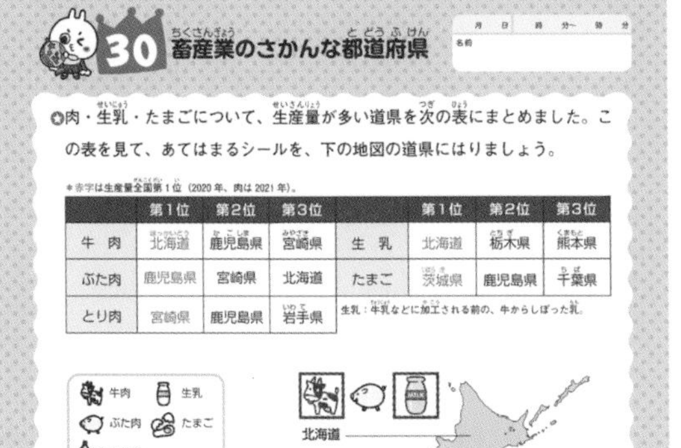

牛肉　生乳　ぶた肉　たまご　とり肉

北海道では、根釧台地を中心にらく農（乳牛を飼育して生乳や乳製品を生産する）がさかんです。生乳をバターやチーズなどの乳製品に加工して、全国に出荷しています。

北海道　岩手県　栃木県　茨城県　千葉県　熊本県　宮崎県　鹿児島県

牛やぶたは、農業に適さない台地や高原などで飼育されています。九州地方南部のシラス台地、北海道の根釧台地では、広い土地で大規模な畜産業が行われています。

p.62

◎肉・生乳・たまごについて、生産量が多い道県を次の表にまとめました。下の図を見て、①～⑤にあてはまる道県名を書きましょう。

（2020年、肉は2021年）

	第1位	第2位	第3位
牛肉	① 北海道	鹿児島県	宮崎県
ぶた肉	② 鹿児島県	宮崎県	北海道
とり肉	③ 宮崎県	鹿児島県	岩手県
生乳	北海道	④ 栃木県	熊本県
たまご	茨城県	鹿児島県	⑤ 千葉県

東京都の近くの県でたまごや生乳の生産量が多いのはなぜ？

新鮮なうちに人口の多い大都市へ運ぶためだよ。

何問できたかな　/5

北海道の生乳は主に加工用（バター・チーズなど）、栃木県の生乳は主に飲用（牛乳）になります。新鮮さが求められる牛乳やたまごは、人口の多い関東地方の県で生産量が多くなっています。

p.59～62

p.63

31 漁業のさかんな都道府県

月　日　時　分～　時　分
名前

✪水産物（魚・貝など）について、生産量が多い都道府県を次の表にまとめました。この表を見て、あてはまるシールを、下の地図の都道府県にはりましょう。

＊赤字は生産量全国第１位（2020 年）。　　生産量：漁などでとれた魚や貝の量。

	第１位	第２位	第３位		第１位	第２位	第３位
まぐろ	静岡県	宮城県	宮崎県	いわし	茨城県	長崎県	宮城県
かつお	静岡県	東京都	宮城県	か に	北海道	鳥取県	兵庫県
さんま	北海道	岩手県	宮城県	か き	広島県	宮城県	岡山県

p.64

✪水産物（魚・貝など）について、生産量が多い都道府県を次の表にまとめました。下の図を見て、①～⑥にあてはまる都道府県名を書きましょう。

（2020 年）

	第１位	第２位	第３位
まぐろ	① 静岡県	宮城県	宮崎県
かつお	静岡県	東京都	② 宮城県
さんま	③ 北海道	岩手県	宮城県
いわし	④ 茨城県	長崎県	宮城県
か に	北海道	鳥取県	⑤ 兵庫県
か き	⑥ 広島県	宮城県	岡山県

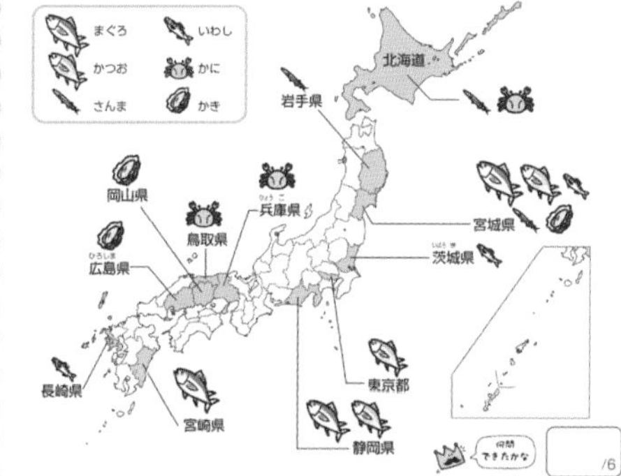

日本は世界有数の水産国ですが、外国の排他的経済水域（200 海里水域）での漁業が制限されたこともあり、遠洋漁業や沖合漁業の生産量は減っています。一方で、水産物の輸入量が増加しています。

最近は「とる漁業」だけでなく、いけすなどで魚や貝を人工的に育てる養殖（養殖業）や、人工的に育てた稚魚や稚貝を放流する栽培漁業といった「つくり育てる漁業」にも力を入れています。

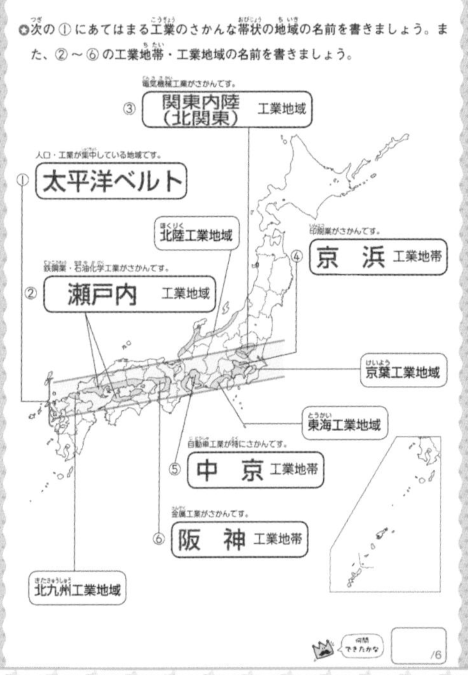

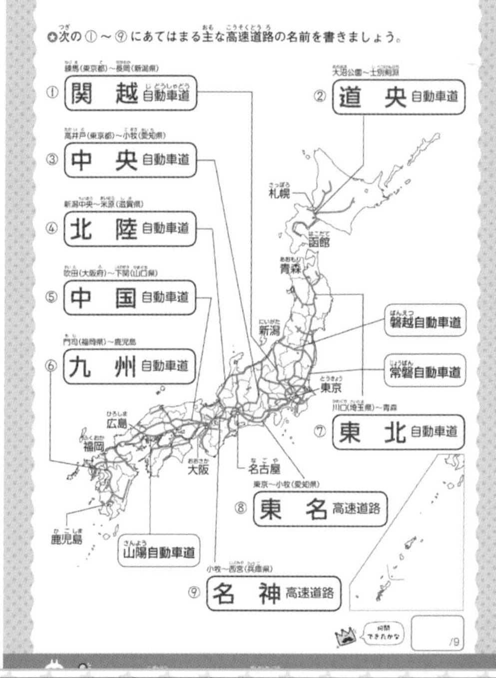

日本では、原料を輸入し、工業製品をつくって輸出する加工貿易が行われてきました。主な工業地帯・工業地域は、関東地方南部から九州地方北部にかけて帯状に広がる太平洋ベルトに集中しています。

高速道路は、高速自動車国道といいます。しかし、「～高速道路」という名前の道路は、東名高速道路、新東名高速道路、名神高速道路、新名神高速道路の４路線のみで、ほかは「～自動車道」です。

p.63 ～ 68 →

p.70

次の①～⑥にあてはまる主な新幹線の名前を書きましょう。また、新幹線が通っていない地方が１つあります。⑦にその地方名を書きましょう。

（2022年現在）

新青森（青森県）～新函館北斗（北海道）
① 北海道 新幹線

盛岡（岩手県）～秋田
② 秋田 新幹線

山形新幹線

上越新幹線

北陸新幹線

西九州新幹線

新函館北斗　新青森　秋田　盛岡　新庄　新潟　福島　金沢　高崎　大宮　東京　武雄温泉　博多　長崎　新大阪　鹿児島中央

東京～新青森
③ 東北 新幹線

東京～新大阪
④ 東海道 新幹線

新幹線が通っていない地方
⑦ 四国 地方

新大阪～博多（福岡県）
⑤ 山陽 新幹線

博多～鹿児島中央
⑥ 九州 新幹線

何問できたかな　/7

新幹線の路線は、東日本に多く分布しています。一方で、四国地方には新幹線が通っていないことに気づきましたか。

p.72

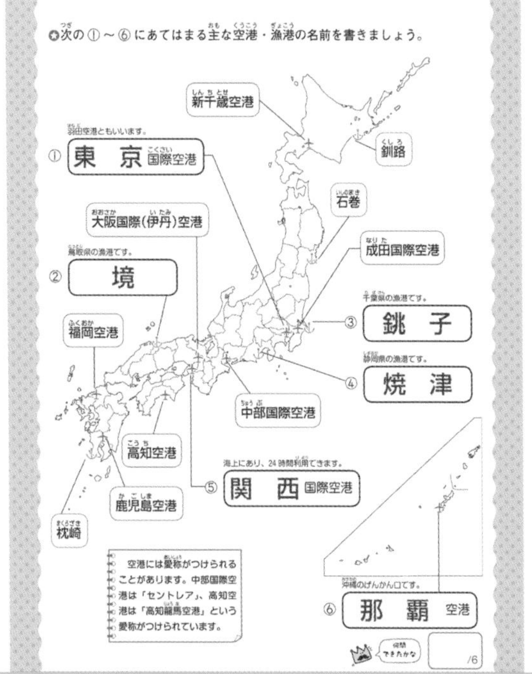

国内線の航空路線では、東京国際（羽田）空港を起点とする路線の旅客数が多くなっています。

このほかの漁港としては、気仙沼（宮城県）や八戸（青森県）などが有名です。

p.73

36 まとめのテスト5

月　日　時　分～　時　分　名前　/100

次の地図を見て、あとの問いに答えましょう。（各5点）

(1)		ピーマン
(2)	②	りんご
	③	米
	④	もも
	⑤	キャベツ
	⑥	ぶた肉
(3)	⑦	いわし
	⑧	まぐろ
	⑨	かに
	⑩	かき

(1) 農林水産業がさかんな①で、生産量（2020年、肉は2021年）が全国第１位ではないものを、次から１つ選んで書きましょう。

ピーマン　生乳　牛肉　さんま

(2) ②～⑥の県で生産がさかんな農産物・畜産物を、次から１つずつ選んで書きましょう。

米　キャベツ　もも　りんご　ぶた肉

(3) ⑦～⑩の県で生産がさかんな水産物を、次から１つずつ選んで書きましょう。

いわし　かき　かに　まぐろ

①の北海道の気候は、冬の寒さが厳しく夏でもすずしいです。主な農産物について、あたたかい地域で生産されるもの、すずしい地域で生産されるものに分けてまとめてみましょう。

p.74

次の地図を見て、あとの問いに答えましょう。（各5点）

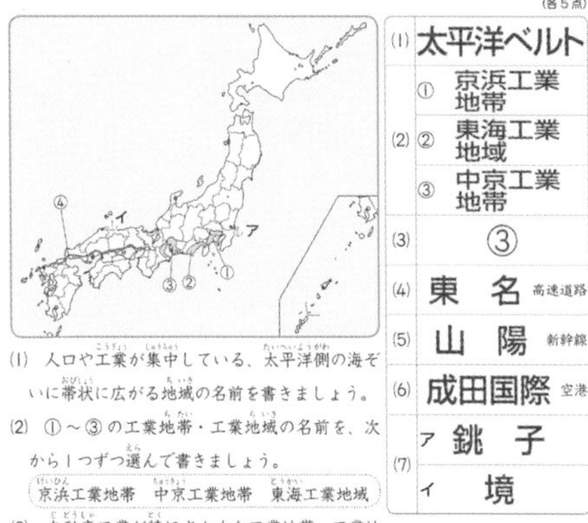

(1)		太平洋ベルト
(2)	①	京浜工業地帯
	②	東海工業地域
	③	中京工業地帯
(3)		③
(4)		東名 高速道路
(5)		山陽 新幹線
(6)		成田国際 空港
(7)	ア	銚子
	イ	境

(1) 人口や工業が集中している、太平洋側の海ぞいに帯状に広がる地域の名前を書きましょう。

(2) ①～③の工業地帯・工業地域の名前を、次から１つずつ選んで書きましょう。

京浜工業地帯　中京工業地帯　東海工業地域

(3) 自動車工業が特にさかんな工業地帯・工業地域を、地図中の①～③から１つ選んで番号を書きましょう。

(4) 東京と小牧（愛知県）を結ぶ高速道路の名前を書きましょう。

(5) ④の新幹線の名前を書きましょう。

(6) 千葉県にある空港の名前を書きましょう。

(7) ア・イの漁港の名前を、次から１つずつ選んで書きましょう。

境　銚子　焼津

愛知県の豊田市にはトヨタ自動車の本社があり、自動車工業がさかんです。中京工業地帯の自動車工業、京浜工業地帯の印刷業など、主な工業地帯とさかんな工業をセットで覚えましょう。

p.75

37 チャレンジドリル 都道府県クイズ3

◎次の①～⑥の表の中から、あてはまる都道府県を見つけて、それぞれ ◯ で囲みましょう。

①米の生産量第1位！

中部地方の都道府県だよ！

鳥	長	崎
取	野	三
新	潟	重

②キャベツの生産量第1位！

中部地方の都道府県だよ！

沖	愛	媛
縄	知	奈
秋	田	良

③みかんの生産量第1位！

近畿地方の都道府県だよ！

青	森	富
和	歌	山
岩	手	口

④牛肉の生産量第1位！

北海道地方だよ！

大	阪	北
分	石	海
香	川	道

⑤ぶた肉の生産量第1位！

九州地方の都道府県だよ！

京	鹿	栃
都	児	木
広	島	根

⑥まぐろの生産量第1位！

中部地方の都道府県だよ！

熊	静	岡
本	滋	山
佐	賀	形

＊生産量は 2020 年、米・肉は 2021 年。

/6

①～⑥の表の中には、それぞれ５つの都道府県が隠れています。

隠れている都道府県がどの地方の都道府県なのかを考えましょう。

p.76

◎北海道から高速道路・新幹線・空港を利用して各地方を通り、沖縄県まで進みましょう。

スタート　北海道　関越自動車道　北海道新幹線　東北地方　東北自動車道　新千歳空港　関東地方

山形新幹線　東名高速道路　中部地方　東海道新幹線　成田国際空港　近畿地方

北陸新幹線　中国自動車道　中国・四国地方　山陽新幹線　中部国際空港　九州地方

ゴール　高知空港　鹿児島空港　沖縄県

それぞれの地方を結ぶ交通手段を選ぼう！

それぞれの高速道路・新幹線・空港が、どの地方にあるのかを考えましょう。高速道路・新幹線は、どことどこを結びつけているものなのかにも注意しましょう。

p.78

◎次の地図を見て、みきさんの家からそれぞれの建物がある方角を八方位で①～③に書き、④～⑥の地図記号をかきましょう。また、みきさんの家の東西にある建物を表すシールを⑦・⑧にはりましょう。

①みきさんの家から見たスーパーマーケットの方角　北西

④「学校」の地図記号

⑤「図書館」の地図記号

⑥「市役所」の地図記号

②みきさんの家から見た工場の方角　南西

③みきさんの家から見た駅の方角　南東

この地図だと、1cm＝50m だから、地図上の長さ（cm）を 50 倍すると、実際のきょり（m）になるよ。

/8

この地図では、みきさんの家を中心にして方角を考えると、上が北、右が東、左が西、下が南になります。「学校（小・中学校）」、「図書館」、「市役所」が正しく地図記号でかけていますか。

方位とは、東西南北などの向きのことで、方位記号のさし示す方向が北だよ。

地図記号は、実物に関連のあるわかりやすい形になっているんだ。

p.79

39 地図のきまり②－等高線

月　日　時　分～　時　分
名前

右の図は、ある島の高さを等高線で表したものです。①～④と島の断面図をなぞりましょう。また、低いところから順にだんだんとこい色をぬっていきましょう。

例

等高線の間かくが ① せまい

等高線の間かくが ③ 広い

等高線

0
100
200
300
400

あ　い

断面図

土地のかたむきが ② 急

土地のかたむきが ④ ゆるやか

等高線の間を色分けすると、土地の高さがよくわかるね。

地図では、土地の高さを等高線で表します。等高線の間かくがせまいと土地のかたむきが急で、広いと土地のかたむきがゆるやかになります。

この図では、島の左側が急な傾斜、右側がゆるやかな傾斜になっています。

等高線に100、200と書いてある数字は高さを表す数字で、標高100m、200mを示しています。

p.80

次の図を見て、①～⑤にあてはまることば・数字を書きましょう。また、この図の等高線を読んで、あ—いの線にそった断面図をかきましょう。

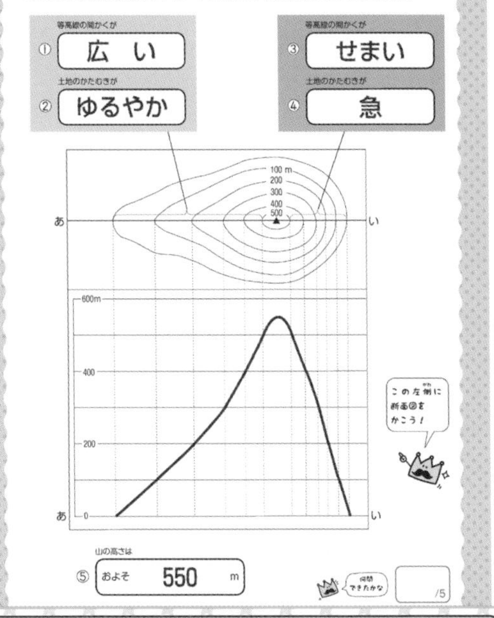

山の高さは

⑤ およそ 550 m

時間 できたかな　/5

この図では、山の左側がゆるやかな傾斜、右側が急な傾斜になっています。

等高線で表した図は山を真上から見た図、断面図は山を横から見た図です。

p.81

次の地図を見て、あとの問いに答えましょう。

（(1)～(5)…各5点、(6)…10点）

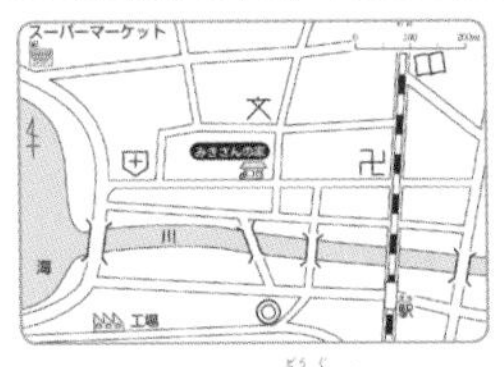

(1) みきさんは、右の図の道具で北の方角を調べました。この道具の名前を書きましょう。

(2) 図書館から見て、スーパーマーケットがある方角を八方位で書きましょう。

(3) 図書館から見て、工場がある方角を八方位で書きましょう。

(4) 図書館から見て、駅がある方角を八方位で書きましょう。

(5) みきさんの家の東西南北にある地図記号が表しているものを書きましょう。

(6) この地図で、みきさんの家から駅までを直線で結ぶと3cmになります。実際のきょりはおよそ何mになりますか。（この地図では、1cmが100mを表しています。）

(1)		方位磁針
(2)		西
(3)		南西
(4)		南
(5)	東	寺
	西	病院
	南	市役所
	北	学校（小・中学校）
(6)		およそ 300 m

この地図は、上が北です。地図の右上にある図書館を中心に方角を考えましょう。

この地図は、1cmが100mを表しているので、地図上の長さ×100で、実際の距離が計算できます。

p.82

次の図を見て、あとの問いに答えましょう。

（(1)～(3)…各8点、(4)…10点）

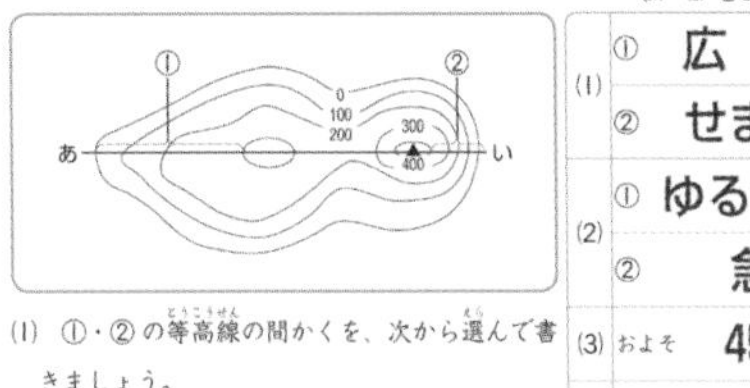

(1) ①・②の等高線の間かくを、次から選んで書きましょう。

せまい　広い

(2) ①・②の土地のかたむきを、次から選んで書きましょう。

ゆるやか　急

(3) 山の頂上の高さはおよそ何mですか。

(4) この図の断面図にあてはまるものを、次のア～エから選んで記号を書きましょう。

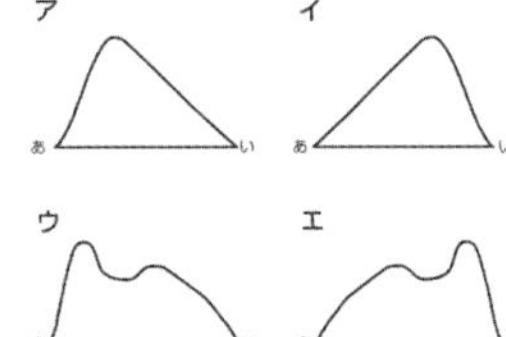

(1)	①	広い
	②	せまい
(2)	①	ゆるやか
	②	急
(3)		およそ 450 m
(4)		エ

この図の右側には山の頂上を表す▲があり、およそ400m以上の高さで急な傾斜となっています。また、左側の高さは300m以上でゆるやかな傾斜となっています。

p.79～82

p.84

次の①～⑨にあてはまる海洋や大陸の名前を書き、六大陸にそれぞれ好きな色をぬりましょう。

ヨーロッパとアジアを合わせた世界最大の大陸です。
① ユーラシア大陸

世界第2位の海洋です。
③ 大西洋

地球の表面積の約3分の1を占める世界最大の海洋です。
⑥ 太平洋

アメリカ合衆国があります。
② 北アメリカ大陸

赤道

世界第3位の海洋です。
⑤ インド洋

大陸の中央を赤道が通っています。
④ アフリカ大陸

世界最小の大陸です。
⑧ オーストラリア大陸

厚い氷や雪におおわれた大陸です。
⑦ 南極大陸

日本から最も遠くはなれた大陸です。
⑨ 南アメリカ大陸

問題できたかな　/9

地球は「水の惑星」といわれるように、海の部分が多く、海と陸の面積はおよそ7：3だよ。
赤道より北の北半球の方が、南半球より陸地が多いことにも気づいたかな。

面積が一番大きい大陸はユーラシア大陸で、三大洋に面しています。また、面積が一番大きい海洋は太平洋で、アフリカ大陸以外の５つの大陸に囲まれています。

p.85

42 ステップアップドリル
日本のまわりの国々

月　日　時　分～　時　分
名前

次の①～④の日本のまわりの国々の名前をなぞって覚えましょう。また、それぞれの国の国旗に色をぬって、国旗を完成させましょう。

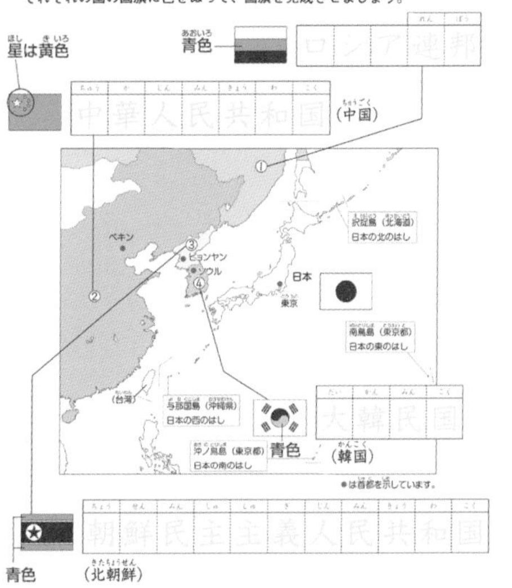

p.86

次の①～④にあてはまる国々の名前を書き、その国の国旗のシールをはりましょう。また、日本のまわりの国々に、それぞれ好きな色をぬりましょう。

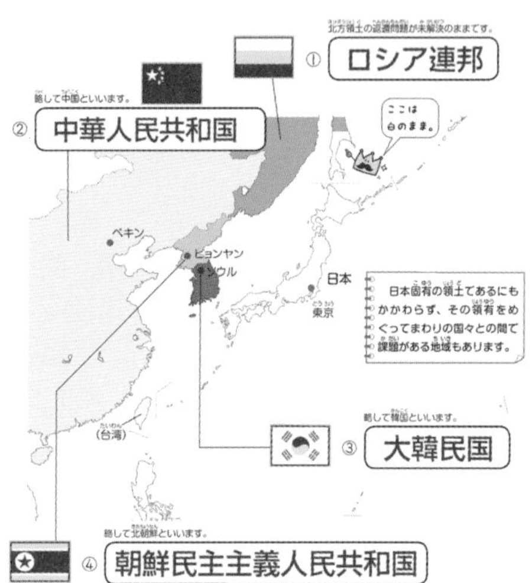

問題できたかな　/4

日本の国旗は、「日の丸」とよばれています。真ん中の赤い丸は太陽を表しています。それぞれの国旗には意味があります。ほかの国の国旗の意味も調べてみましょう。

第二次世界大戦後の平和条約で、日本は南樺太を放棄しましたが、どこに属するかは規定されなかったため、現在国際法的に未確定になっています。そのため、地図帳でも南樺太は白色になっています。

p.88

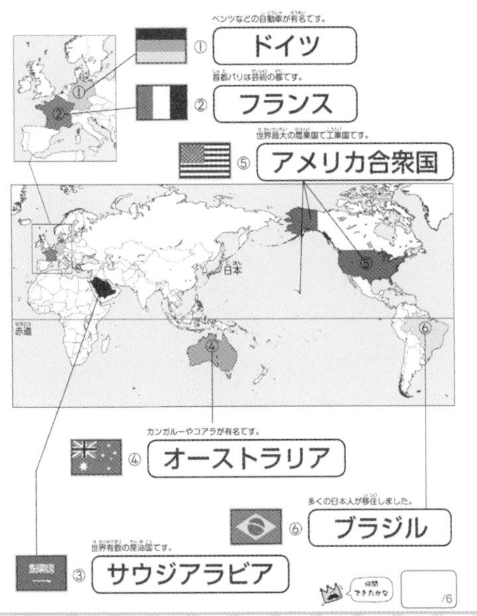
次の①～⑥にあてはまる国の名前を書き、その国の国旗のシールをはりましょう。また、それぞれの国に好きな色をぬりましょう。

アメリカ合衆国の国旗は「星条旗」とよばれ、赤と白の13本の横じまはイギリスから独立した時の州の数、50の星は現在の州の数を表しています。ほかの国の国旗も調べてみましょう。

p.90

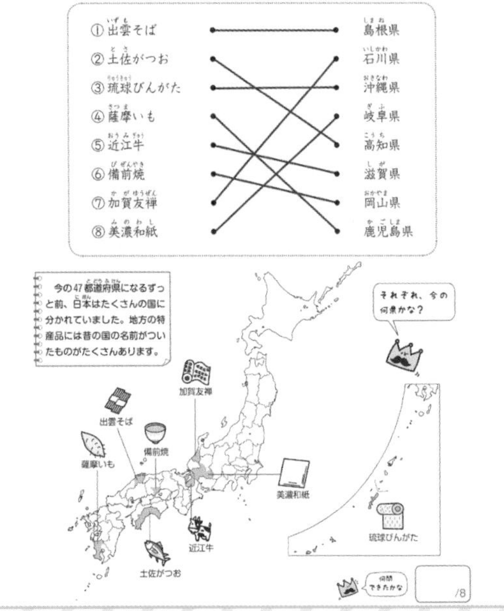
次の①～⑧の昔の国の名前がついた特産品は、どこの県のものですか。下の図を見て、右の県名と――で結びましょう。

① 出雲そば	島根県
② 土佐がつお	石川県
③ 琉球びんがた	沖縄県
④ 薩摩いも	岐阜県
⑤ 近江牛	高知県
⑥ 備前焼	滋賀県
⑦ 加賀友禅	岡山県
⑧ 美濃和紙	鹿児島県

都道府県の境界線は、昔の国の境界線をそのまま利用している場合もありますが、いくつかの国を合わせたものもあります。県名の由来も調べてみましょう。

p.92

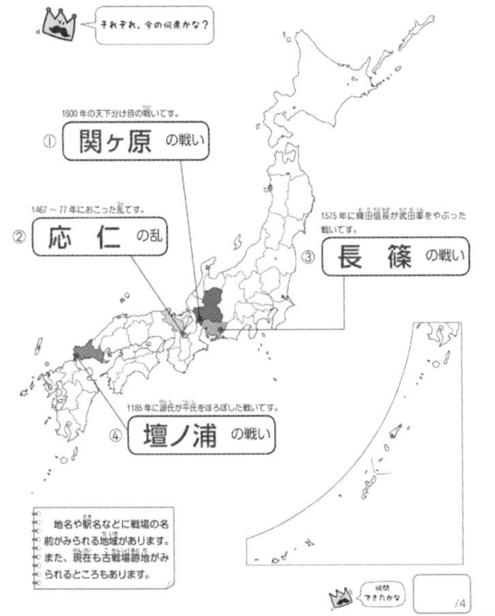
次の①～④にあてはまる、時代の区切りとなる有名な戦場の名前を書きましょう。また、戦場がある府県に、それぞれ好きな色をぬりましょう。

平安時代末期、源氏軍は一ノ谷（兵庫県）の戦い（1184年）や屋島（香川県）の戦い（1185年）に勝利して平氏軍を西国に追いつめ、壇ノ浦（山口県）の戦いで滅ぼしました。

戦国時代には、織田信長、豊臣秀吉、徳川家康らが天下統一を進めたんだ。徳川家康は、関ケ原（岐阜県）の戦いに勝利し、1603年に江戸（東京都）に幕府を開いたよ。

◆**この本の表記について**

・数値などは、『データでみる県勢（2022年版）』（公益財団法人　矢野恒太記念会）、『日本国勢図会（2022／23年版）』（公益財団法人　矢野恒太記念会）、「漁業・養殖業生産統計（令和２年）」（農林水産省）、沖縄県公式ホームページを参考にしています。

・牛肉・ぶた肉・とり肉の生産量は、それぞれ肉用牛・豚・肉用若鶏の飼養頭数・飼養羽数の数値を使用しています。

・水産物（魚・貝など）の生産量は、漁獲量・収穫量の数値を使用しています。

・単位は、原則として記号を用いています。

cm	センチメートル	
m	メートル	1m=100cm
km	キロメートル	1km=1000m